BOLÍVAR

Copyright © EDIMAT LIBROS, S. A.
C/ Primavera, 35
Polígono Industrial El Malvar
28500 Arganda del Rey
MADRID-ESPAÑA
www.edimat.es

ISBN: 84-8403-861-0
Depósito legal: M-25115-2005

Colección: Grandes biografías
Título: Bolívar
Dirección de la obra: Francisco Luis Cardona Castro
Doctor en Historia por la Universidad de Barcelona y Catedrático
Coordinación de textos: Manuel Giménez Saurina,
Manuel Mas Franch, Miguel Giménez Saurina
Diseño de cubierta: Juan Manuel Domínguez
Impreso en: Artes Gráficas Cofás

IMPRESO EN ESPAÑA – *PRINTED IN SPAIN*

INTRODUCCIÓN

«*Simón Bolívar es el más grande de los libertadores americanos: es el Libertador. Supera a unos en ambición, a otros en heroísmo, a todos en actividad multiforme, en don profético, en imperio. Ante él ceden todos los poderes.*

»*A veces —escribió su adversario, el general Santander—, me acerco a Bolívar, lleno de venganza y al sólo verlo y oírlo me he desarmado y he salido lleno de admiración...*

»*El pueblo, con infalible instinto, lo endiosa, comprende su misión heroica. El clero lo exalta y en la misa de las iglesias católicas se canta la gloria de Bolívar, entre la Epístola y el Evangelio.*»

Así es cómo definió a Simón Bolívar el escritor peruano F. García Calderón. Creemos que estas palabras lo retratan por entero... en su aspecto militar, político, libertador, amante de la independencia de su patria, a la que quiso librar del yugo español.

Sin embargo, Bolívar, aureolado de gloria, y aun en medio de los mayores peligros de la guerra, en medio de las vicisitudes económicas, que jamás le faltaron, no dejó de ser un hombre y, como tal, nunca le faltaron tampoco las aventuras amorosas, viéndose constantemente asediado por las mujeres, acosándolas él a su vez. Únicamente vivió un año como marido enamorado, con su María Teresa. En Madrid, en Bilbao, la cortejó, casándose con ella en la capital de España a finales de 1801. En Venezuela, en su hacienda de San Mateo, enviudaba. Años más tarde, le manifestó en Perú a De Lacroix:

«*Usted, pues, se casó a los cuarenta y cinco años... Yo no tenía dieciocho cuando lo hice en Madrid y enviudé en 1803 (el 22 de enero), no teniendo todavía diecinueve años. Quise mucho a mi mujer y a su muerte me hizo jurar no casarme. He cumplido mi palabra. Mire usted lo que son las cosas: si no hubiera enviudado, quizá mi vida hubiera sido otra; no sería el general Bolívar ni el Libertador, aunque convengo en que mi genio no era para ser alcalde de San Mateo* (referencia al cargo desempeñado por algunos de sus antepasados después de emigrar a América del Sur).»

Bolívar tuvo varios amores, mejor diríamos amoríos, ya que en este aspecto fue algo pródigo. Entre los nombres que recuerda la historia, se cuentan Anita Lenoir, Josefina, su prima Fanny, con la que al menos coqueteó, la niña del Potosí y, sin tener en cuenta a las mestizas indias, e incluso «señoritas» de la aristocracia venezolana y colombiana, rendidas siempre ante la apostura y la aureola que rodeaban al Libertador, es preciso citar a Manuela Sáenz, o Manuelita la Bella, que tal vez fue el segundo amor de Bolívar o, al menos, la mujer más constante y más fiel, la que le salvó dos veces la vida, la segunda, en un trance sumamente apurado. Otra mujer, sin ella saberlo, se la salvó también, cuando el puñal de un asesino acuchilló su hamaca... en tanto él se hallaba lejos de allí, en brazos de una campesina.

¿Qué mejor gloria, pues, para un hombre que apenas vivió cuarenta años, que haber logrado darles la independencia a los países sudamericanos luchando con valor y genio militar; haber dado a los países libertados una Constitución que aún hoy día es motivo de admiración, y haber gustado las mieles del amor, habiendo amado y siendo amado, más que amado, venerado?

Éste es el hombre cuya vida, cuyas obras, nos proponemos relatar, teniendo en cuenta que, pese a su vida corta en demasía, la misma fue tan densa en acontecimientos, que

6

sería imposible narrarla en todos sus innumerables detalles, por lo que nos vemos obligados a señalar los hechos más trascendentales de esa existencia tan relevante y a la vez tan atormentada.

Bibliografía

BELAÚNDE, V. A.: *Bolívar y el pensamiento político de la revolución hispanoamericana*, Madrid, Cultura Hispánica, 1959.

CAMPOS, J.: *Bolívar*, Salvat, Barcelona, 1988.

Colección de documentos relativos a la vida pública del Libertador, por C. Mendoza y F. J. Yanes, en 22 vols. (Caracas, 1826-1833).

GARCÍA MARQUEZ, G.: *El general en su laberinto,* Mondadori, Madrid, 1989.

GUASCH, J.: *Bolívar, el eterno traicionado*, Ed. Mateu, Barcelona, 1961.

LUDWIG, E.: *Bolívar*, Ed. Juventud, Barcelona, 1983.

MADARIAGA, S. DE: *Bolívar*, Espasa Calpe, Madrid, 1979, 2 vols.

MASUR, G.: *Simón Bolívar*, Grijalbo, México, 1960.

Memorias (32 vols.), *Documentos* (30 vols.) a cargo de Daniel F. O'Leary (Caracas, 1879-1888), Biblioteca Ayacucho, Madrid, 1915 y sigs.

ORTEGA, E.: *Bolívar y la revolución sudamericana*, Ed. Depalma, Buenos Aires, 1973.

Proclamas y discursos del Libertador, ed. V. Lecuna (Caracas, 1939); *Decretos del Libertador*, 3 vols. (Caracas, 1961).

CAPÍTULO I

INFANCIA DEL LIBERTADOR

La familia Bolívar, oriunda de España, se estableció en Venezuela desde la conquista y su consecuente colonización*. Pronto adquirió riquezas y distinciones. Don Simón Bolívar, uno de los ascendientes del Libertador, fue enviado por el Gobierno colonial de Venezuela (1588) a dar cuenta a Felipe II del estado de dicha colonia y a pedir para ella la protección real. Antes de obtener tan honroso encargo se había ya distinguido don Simón, como consta en un documento que existe en los archivos municipales de Caracas, gráfico en que se ponen de manifiesto su inteligencia clara y su bondad.

En el documento demostraba don Simón Bolívar la inconveniencia de la importación de africanos a la colonia. En su misión a España abogó calurosamente por los derechos de América.

Tales concesiones fueron miradas en aquel tiempo como inestimables beneficios, y aquél, por cuya intervención se había alcanzado, fue tenido como bienhechor.

Pero más nobles títulos a la humana gratitud ha obtenido en nuestros días otro individuo del mismo nombre, destru-

---

* Sus antepasados procedían de Vizcaya, hidalgos, de apellido Ochoa de la Rementería, afincados en el pueblo de Bolívar, anteiglesia de Cenarruza, merindad de Marquina.

yendo aquellos privilegios que dieron a su antepasado el honor de figurar en los anales de la patria.

Otro miembro de la familia Bolívar obtuvo por compra el señorío de Aroa, fértil comarca de la provincia de Caracas, desde aquella lejana época renombrada por la riqueza de sus minas de cobre. La cuantiosa suma que por precio del señorío ingresó en las arcas reales demuestra la riqueza de la familia Bolívar.

La cédula de concesión, fechada en Madrid el 21 de agosto del 1663, dice que «se dieron a don Francisco Marín de Narváez y sus sucesores en empeño y propiedad las minas de Cocorote, con todas sus dependencias, por la cantidad de cuarenta mil pesos». Además, por los artículos segundo y sexto de dicha cédula, se concedió a Marín de Narváez y sus sucesores la facultad de nombrar los jueces de aquel territorio y removerlos con causa o sin ella.

Además de la honrosa distinción municipal de regidor alférez real, entre cuyas funciones figuraba la de portaestandarte en las ceremonias presididas por el representante del soberano, se concedieron, más tarde —algunos años antes de la revolución—, a la familia Bolívar, quien ya tenía el mayorazgo de Aroa, fundado por don Pedro de Ponte Andrade, los títulos de marqués de Bolívar y vizconde de Cocorote, aunque nunca los llevó el miembro de esta familia que tenía derecho a llevarlos.

Don Juan Vicente Bolívar fue alto empleado en la Real Hacienda y más tarde coronel de las milicias regladas de los Valles de Aragua. Casó con doña María Concepción Palacio y Sojo, dama de noble estirpe, acaudalada y de fama, tanto por su belleza y la dulzura de su carácter, como por su discreción y despejada inteligencia.

De este matrimonio nacieron cuatro hijos: Juan Vicente, María Antonia, Juana y Simón. Vio éste la luz en la casa solariega situada en la plaza de San Jacinto, de la ciudad de

10

Simón Bolívar, el más grande de los libertadores americanos.

Caracas, en la noche del 24 al 25 de julio del año 1783, coincidiendo en el año con el tratado en virtud del cual Inglaterra reconoció la independencia de los Estados Unidos de América del Norte.

El 30 de julio fue bautizado el recién nacido en la Metropolitana de Caracas, por el doctor don Juan Félix Jerez Aristeguieta, su pariente cercano quien, de acuerdo con don Juan Vicente, padre del niño, y contra el parecer del padrino, don Feliciano Palacios, le impuso el nombre de Simón, porque ambos tenían el presentimiento de que en el transcurso del tiempo llegaría a ser más célebre que el primero del mismo nombre en la familia.

Acta de bautizo de Simón Bolívar

El capitán don Feliciano de Palacios Sojo y Gil Aguirre, abuelo de Bolívar, tenía diez tíos y once hermanos. Muchos de ellos formaron a su vez familias numerosas. La casa de Bolívar estaba, pues, rodeada de parientes, con la particularidad de que la combinación Palacios-Blanco se daba en dos estirpes, ya que un abuelo de Bolívar, el capitán don Feliciano, y su hermano, el capitán don Francisco, habían casado, el uno con doña Francisca Blanco y Herrera, y el otro con doña Isabel Blanco y Herrera, hermanas ambas, e hijas de don Mateo Blanco Infante y doña Isabel Clara de Herrera.

Diez tíos carnales y seis tíos segundos de Bolívar se apellidaban Palacios Blanco.

Otro apellido que se repite entre los parientes, y que mencionamos por la influencia que uno de los que lo llevaba ejerció sobre la condición social de Bolívar, es el de Jerez Aristeguieta. El capitán don José de Palacios y Lovera Otáñez, medio hermano del abuelo de Bolívar, casó con doña Catalina Jerez de Aristeguieta, hija de don Juan Jerez Aristeguieta y de doña Francisca de Lovera Otáñez, quienes tuvieron once hijos, que eran Palacios Jerez Aristeguieta. El apellido Palacios Aristeguieta se une más tarde al apellido Palacios Blanco. Así, doña Socorro de Palacios Blanco, hija de don Francisco de Palacios Sojo y Gil Aguirre y de doña María Isabel Blanco y Herrera, casó con don Juan Bernardino Jerez Aristeguieta Blanco. Ya está formado, pues, el apellido Jerez Aristeguieta Blanco unido al de Palacios Blanco, después de haberse combinado en otra generación el de Jerez Aristeguieta Lovera Otález con el Palacios y Lovera Otáñez. El capitán don Antonio de Palacios y Jerez Aristeguieta casó con doña Josefa Jerez Aristeguieta y Blanco. El Blanco y el Palacios se ligan en diversas formas, como en el casamiento de doña Cecilia de Palacios Blanco y don Narciso Blanco Palacios. A veces los cónyuges tienen idénticos apellidos, como si fuesen hermanos, siendo primos. Esto mismo ocurrió en la unión de don Juan Félix de Palacios Blanco, casado con doña Ana María Rufina de Palacios Blanco. Finalmente, una Bolívar, hija de una Palacios Blanco, casará con un Palacios Blanco, y otra Bolívar, su hermana, con otro Palacios.

Hay que añadir también que dos hermanas de don Juan Vicente de Bolívar, casaron con dos hermanos Jerez de Aristeguieta: Luisa con Martín y Petronila con Miguel. Estos enlaces influirán profundamente en el destino de Simón Bolívar.

El día 30 de julio del año 1783, a los seis días de su nacimiento, Simón fue bautizado. Ofició un clérigo de la familia y fue padrino el abuelo materno.

El acta reza así:

> *En la ciudad mariana de Caracas, en treinta de julio de mil setecientos ochenta y tres, el doctor don Juan Félix Jerez y Aristeguieta, presbítero, con licencia que yo, el infraescripto teniente cura de esta Santa Iglesia Catedral le concedí, bautizó, puso óleo y*

13

crisma y dio bendiciones a Simón José Antonio de la
Santísima Trinidad, párvulo, que nació el veinte y
cuatro del corriente, hijo legítimo de don Juan Vicente
Bolívar y de doña María de la Concepción Palacios
y Sojo, naturales y vecinos de esta ciudad. Fue su
padrino don Feliciano Palacios y Sojo, a quien se
advirtió el parentesco espiritual y obligación. Para
que conste lo firmo. Fecha ut supra. Bachiller, Manuel
Antonio Fajardo.

Y el pequeño Simón fue creciendo, enclenque, gozando
de poca salud, en el seno de su familia.

CAPÍTULO II

LA JUVENTUD DE SIMÓN BOLÍVAR

Juan Vicente Bolívar cabalgaba todo el día, acompañado de los intendentes o administradores, viendo cómo crecían los cultivos, cómo trabajaban los esclavos, cómo vivían sus gentes. Algunos días salía de cacería, y los domingos celebraba una fiesta campestre.

Cuando caía la noche, después de que la campana tocase a oración, bajo los pórticos de la casa de campo del amo, empezaba el largo desfile de los esclavos que iban a pedirle al patrón permiso para casarse, que aceptase apadrinar a un recién nacido, que curase a un enfermo o que resolviera alguna diferencia. Tratadas con dulzura y justicia, aquellas gentes querían bien a su amo. En la hacienda Bolívar de San Mateo, en Cura, todos los esclavos amaban al dueño, don Juan Vicente, como si fuera un padre. Y eso era don Juan Vicente para ellos.

A veces, después de la cena, la familia se reunía en un rincón del patio para oír las narraciones fantásticas de algún viejo esclavo negro. Casi siempre se trataba de leyendas y cuentos urdidos en torno de las extraordinarias hazañas del Tirano Aguirre[1], figura legendaria de los primeros tiempos

---

[1] Lope de Aguirre, llamado el Tirano Aguirre o el Loco Aguirre. Conquistador español que se levantó en armas contra el poder imperial de Felipe II. Tras amotinarse y hacerse con el control de la expedición de Pedro de Ursua en busca de Omagua y El Dorado, remontó el Amazonas y desembarcó en las costas de Venezuela. Fue asesinado por sus propios hombres en Barquesimeto en 1580.

de la conquista, cuya alma, preñada de horrendos crímenes, era un resplandor agitado por el viento de la noche; un fuego fatuo que asomaba, por las llanuras de Barquisimeto y por la costa de Burburata, o sobre las ramas más altas del «saman», el cedro gigantesco y centenario, orgullo del bosque, que podría verse desde la misma mansión de los Bolívar.

Bajo la mirada cariñosa de sus padres, acogido en el regazo de la negra Matea, el amito Simón, sentado en la primera fila de los oyentes, se extasiaba con el relato, fijando en el viejo sus grandes ojos negros.

Esta apacible existencia, con sus días largos y tranquilos, de curso regular, debía truncarse bruscamente. El jefe de la familia, el coronel Bolívar, murió cuando su hijo Simón no había cumplido aún los tres años. A partir de entonces, su esposa, doña Concepción, ya no pasó en la hacienda más que los meses de verano. El resto del tiempo permanecía en Caracas, retenida allí por la precaria salud de su anciano padre.

Simón vivió al lado de su madre hasta los seis años. Doña Concepción comprendió entonces que la educación que su hijo recibía en el seno de la familia, no le era de ningún provecho. El niño se manifestaba turbulento, burlón, indisciplinado y con una voluntad rayana en la tozudez, que nada era capaz de doblegar. Como a Simón le correspondía por herencia un mayorazgo, su madre, por disposición de la Audiencia de Santo Domingo, no pudo asumir la tutoría. Ésta le fue confiada a don José Miguel Sanz, un distinguido abogado y de edad conveniente para tomar a su cargo la dirección de un corazón joven y falto de disciplina.

En la casa de los Sanz vivió Bolívar dos años, que transcurrieron entre las lecciones que le daba un capuchino, el padre Andújar, y los paseos que hacía por los alrededores de la ciudad en compañía de su tutor, ocasiones que éste aprovechaba para instruir a su pupilo. Con frecuencia salían a caballo. Sanz montaba un alazán soberbio, mientras que Simón cabalgaba en una mulita negra desde la que miraba con envidia a su tutor.

Sanz iba haciéndose a la idea de que para formar al muchacho tendría que emplear mucha firmeza, e incluso rigor, para moderar aquel temperamento que hasta entonces había quedado a merced de sus instintos.

Pasados dos años, finalmente el abogado se vio obligado a admitir que no se veía con fuerzas para educar aquel carácter tan indómito. Devolvió el muchacho a su madre, sin que el carácter de Simón se hubiera modificado en nada.

Al cabo de poco tiempo, cuando estaba próximo a cumplir los nueve años, murió doña Concepción. El chico fue confiado al cuidado de un nuevo educador, que estaba destinado a tener enorme influencia en el desarrollo de su espíritu y de su inteligencia, y que determinó la tónica de toda su vida.

Se llamaba Simón Rodríguez. Era un venezolano que, a una elocuencia apasionada, unía el prestigio de quien ha viajado mucho, en un tiempo en que se viajaba poco. Era tenido por todos como un espíritu superior, rico en ciencia, enamorado de la belleza y de la novedad. Era el educador ideal para el joven Simón Bolívar. Fue el mismo don José Miguel Sanz quien aconsejó que el anciano Rodríguez fuera el nuevo mentor del pequeño Simón.

De Simón Rodríguez decían sus contemporáneos que a pesar de todas sus cualidades, era un vagabundo. El anciano —por otra parte más sano y robusto que muchos jóvenes—, de los ochenta y tres años de su existencia, había pasado sesenta y ocho recorriendo el Nuevo y el antiguo Mundo. Era medio cínico y un tanto loco. A la edad de catorce años dejó su verdadero apellido, Carreño, para tomar el de la madre, a fin de distinguirse de su hermano, con quien estaba en constante desacuerdo.

Cuando se le confió la educación de Bolívar, se ocupó antes de su cuerpo que de su espíritu. Las excursiones a pie y a caballo tenían preferencia sobre los libros, lo cual preparó a Bolívar para la vida agitada que le esperaba.

Aquéllos eran tiempos en que las doctrinas revolucionarias empezaban a extenderse por Venezuela, y la juventud aristocrática era la que más oído les prestaba. A finales de 1796 estalló una conspiración que había sido cuidadosamente preparada, dirigida por Manuel Gual, capitán del batallón de Veteranos, de las milicias de Caracas, y José María de España, primer juez de Macuto. Los conjurados se proponían proclamar la República y constituir un nuevo Estado con las provincias de Caracas, Maracaibo, Cumaná y La Guayana. Pero la conspiración fue descubierta y Rodríguez, entre otros muchos, fue arrestado. Pero el capitán general no pudo demostrar su complicidad y le dejó en libertad. Sin embargo, el profesor de Bolívar consideró más prudente abandonar el país.

Pero Simón Rodríguez ya había desempeñado su papel. Había despertado en su alumno el espíritu de rebeldía, había insuflado en él los vientos de fronta que se respiraban en Europa y que llegaban a las costas americanas.

Un nuevo educador, Andrés Bello, reemplazó a Rodríguez, sin dejar ninguna huella en el muchacho.

Después de unos años, Simón Bolívar se enroló en las milicias de Aragua, en calidad de cadete. Su ingreso en este cuerpo se debió al prurito de seguir la tradición familiar. Aquella tropa había sido creada en 1759, por Juan de Bolívar, y don Juan Vicente, el padre de Simón, había sido coronel de la milicia. Era inevitable, pues, que el descendiente de aquellos ilustres soldados formara parte del cuerpo. Pero su servicio duró apenas dos años, saliendo de él con el grado de subteniente.

Llegó entonces el momento en que su tío, don Carlos Palacios, tomó la decisión de mandarlo a España, para que conociera mundo, completase su formación intelectual y recorriese Europa antes de tomar posesión de su vasto patrimonio venezolano.

A primeros del año 1799 desembarcó Bolívar en Santoña. En Bilbao le recibió uno de sus tíos, don Esteban, que le hospedó en su casa. No tardó Bolívar en mezclarse con la aristocracia madrileña. Fue invitado en la corte, y tuvo el honor de formar parte del grupo de jóvenes que acompañaba al príncipe de Asturias, más tarde Fernando VII, en sus diversiones.

Un día, jugando al tenis con el príncipe en el palacio de Aranjuez, de un pelotazo hizo caer el sombrero con que se cubría el heredero de la corona. Éste se encolerizó y se retiró del juego; pero la reina, que se hallaba presente, llamó a su hijo.

—Fernando, no es correcto que dejéis a vuestro amigo sin terminar la partida.

—Madre, habéis visto que Bolívar me ha tirado la pelota con mala intención. No quiero jugar más con él, mientras no me dé excusa por lo ocurrido.

—Dad la culpa a vuestra falta de habilidad, y no la deis a Bolívar, al que relevo de daros excusas por su juego.

Y así como Fernando no olvidó el incidente, tampoco Simón Bolívar, que muchos años después lo recordaba como un símbolo, diciendo:

—¡Quién debía decirle entonces a Fernando que así como le arranqué el sombrero, debía arrancarle los más bellos florones de su corona!

Fue en Madrid donde se formó el espíritu de Simón Bolívar y se desarrolló su inteligencia; no por imposición, sino por su propia voluntad. Se dio cuenta de que se hallaba en desventaja con casi todos los que le rodeaban en su nuevo ambiente, que le sobrepasaban en modales, y se dedicó con ahínco a perfeccionarse.

Entre las familias aristocráticas cuyas casas frecuentaba, se contaba la del marqués de Ustariz, don Bernardo Rodríguez del Toro, donde Bolívar conoció a su hija María Teresa. Fue un amor fulminante. Adoraba a María Teresa tanto por su belleza como por las cualidades de su corazón y de su espíritu. El carácter fogoso de Simón no se detuvo en esperas, que no iban con su temperamento. Escribió al hermano de su madre, que vivía en Caracas, pidiéndole su consentimiento para casarse.

Pero Simón no tenía más que diecisiete años, lo que, incluso en un tiempo en que la gente se casaba joven, era mucha juventud para contraer matrimonio. El padre de María Teresa no le rechazó, mas le obligó a esperar. Lleno de buen sentido, el marqués partió para Bilbao acompañado de su hija. Mientras, Bolívar se quedó en Madrid lleno de irritación por la tardanza en recibir respuesta de su tío y por la ausencia de su amada.

Incapaz de frenar por más tiempo su impaciencia, se fue a Bilbao e insistió en que el marqués autorizase la boda. Recibió una segunda negativa y el consejo de que se dedicase a viajar, mientras esperaba el momento oportuno para la boda.

Simón Bolívar se vio obligado a obedecer, y durante dos años residió en París. A su regreso recibió por fin el consentimiento del marqués y de su tío, y se casó con María Teresa. Después de la boda embarcaron para Venezuela, donde establecieron su hogar.

Durante unos meses la vida de los dos esposos fue un paraíso en la Tierra. Su recuerdo fue la luz más brillante que iluminó a Bolívar durante toda su existencia. Pero esta felicidad fue corta. Apenas duró un año, y terminó trágicamente. María Teresa fue presa de unas fiebres malignas y murió en su hacienda de San Mateo.

La desesperación de Bolívar fue pareja a la intensidad de su amor: intensa, sombría, trágica. Fue como si algo le hubiera sido arrebatado de su misma alma, como si un ciclón hubiera pasado por una comarca fértil, dejándola devastada. Así quedó destruida la simiente de toda felicidad, de la paz que Bolívar aguardara en su alma. Desde aquel momento su corazón fue un desierto desolado, y así continuó toda su vida.

Bolívar era, cuando ya viudo regresó a España, un caballero de noble y bella presencia. Cuando se hallaba presente, no era posible, por más que se quisiera, poner la mirada en otro que no fuera él. El magnetismo irresistible que más tarde sometería a sus enemigos más decididos, emanaba ya de toda su persona. Bajo los párpados un poco caídos, adornados de largas pestañas negras, brillaba el fuego sombrío de sus ojos. Su tez era mate y de tono bronceado. La frente alta y despejada; las mejillas chupadas; la nariz larga y recta; el perfil fino; la boca apretada, de labios delgados. Sobre el labio superior se iniciaba la sombra de un delgado bigote. La barbilla era cuadrada y algo prominente. La cara constituía un óvalo algo alargado. Su estatura era mediana, el pecho estrecho, las piernas largas; su figura resultaba esbelta; y sus maneras, sin ser afectadas, eran cuidadas y elegantes. Pero la vivacidad de sus ademanes, la agitación en su andar, su voz aguda y sonora, no casaban con la vida de salón. A Bolívar hay que imaginárselo en un paisaje de vastos horizontes e inundado de sol.

Bolívar volvió a París huyendo de los recuerdos de su esposa, que por doquier le salían al paso en España.

En París se entregó al placer en todas sus formas. Pero sus placeres, aun siendo del orden más material, hallaban un contrapeso en el refinamiento de su alma, en su educación, en su espíritu aristocrático. Hay una especie de arte en el modo de saber «llevar» el alma. Quienes conocen este arte saben evitar las salpicaduras, cualquiera que sea el suelo que pisen.

Bolívar se divirtió visitando las casas de juego, las famosas *galeries de bois* del Palais Royal. Pero lo hizo con elegancia. Al abandonarse a estos placeres quizá se entregó a ellos con el presentimiento de que su vida había de acabar pronto y que, por lo tanto, necesitaba apresurarse para obtener de ella cuanto pudiese.

En París, Bolívar conoció a Humboldt, que acababa de regresar de un viaje de varios años en el que recorrió la mayor parte de América, levantando mapas de las regiones menos conocidas. Una prima de Bolívar, Mme. du Villars, le presentó a Humboldt, con quien Bolívar discutió acerca de la vida en las colonias españolas. La lucha que en América del Norte habían entablado las colonias inglesas hasta lograr sacudirse el dominio inglés, daba pábulo y ejemplo a unas aspiraciones que aún no habían sabido concretarse.

Humboldt y Bolívar admitían que en las colonias españolas faltaban los motivos esenciales que determinaron la independencia norteamericana. Sea por el temperamento español, sea por la misión apostólica de los sacerdotes, los esclavos y los indígenas eran tratados por los españoles, tanto los de la colonia como los de la metrópoli, con humanidad. La vida en la colonia, aparte de las vejaciones que en algunos lugares pudieran ejercer funcionarios ineptos o corruptos, discurría plácidamente. Pero había algo que se hallaba por encima de estas consideraciones: el afán de madurez, el deseo de seguir el propio camino sin trabas ni sujeciones.

Humboldt, generalmente asentía ante la elocuencia enfervorizada de su interlocutor, aunque objetaba:

—Amigo mío, creo que, en efecto, vuestro país se halla maduro para tratar de obtener la emancipación. Pero, decidme, ¿quién será el hombre que lleve a cabo una empresa tan ambiciosa?

El padre del Libertador, Juan Vicente Bolívar y Ponte.

Y Bolívar no sabía qué responderle. Ignoraba que el índice del destino le apuntaba a él.

América del Sur se hallaba ya en condiciones de gobernarse por sí misma. Lo había dicho el barón de Humboldt, el hombre que había vivido varios años en aquellos territorios, recorriéndolos de punta a cabo, y que por lo tanto podía conocer a fondo todos sus problemas. La opinión de Humboldt produjo honda impresión en Bolívar. En aquel momento la idea de emancipación empezó a surgir en su mente. Al sopesar las enormes dificultades, los graves inconvenientes y obstáculos ante tan ingente tarea, pensaba en que para llevarla a cabo hacía falta un hombre de talla excepcional. Y se preguntaba: «¿Existirá ese hombre? ¿Quién podrá ser?»

Los conceptos políticos de Bolívar sufrieron en aquella época una fuerte conmoción. Admiraba a Napoleón. Era su héroe. Era todo un ejemplo. Pero el día en que Napoleón se hizo coronar emperador, creyó ver los pies de barro de su ídolo. Fue entonces cuando Bolívar dijo:

—Yo adoraba a Napoleón como el héroe de la República, como la estrella más brillante de la gloria, el genio de la libertad. No conocía a nadie que le igualara en el pasado, y no creía posible que el porvenir pudiera dar un hombre semejante a él. Se hizo emperador, y a partir de ese día le miré como a un gran hipócrita, como un oprobio a la libertad, un obstáculo al progreso de la civilización. Me lo imaginé oponiéndose a los generosos impulsos de la raza humana, que camina hacia su felicidad, y derribando la columna sobre la cual estaba erigida la libertad, la cual ya nunca más volverá a ponerse de pie.

¡Qué terrible sensación causó en mi alma, cuánta indignación contemplar este melancólico espectáculo, dominado como estaba por un amor fanático a la libertad y a la gloria! Desde aquel momento ya no pude reconciliarme con

Napoleón. Su gloria me pareció desde entonces el resplandor mismo del infierno, las lúgubres llamas de un volcán destructor amenazando el porvenir del mundo. Estupefacto contemplaba a Francia, que cambiaba su gorro de la libertad por una corona, y a su pueblo abdicando su soberanía por una monarquía.

Mas no todo eran sentimientos políticos, ya que Bolívar, elegante, contaba historias criollas, leyendas que entusiasmaban a las muchachas. Bailaba con gracia y figuraba en la lista de invitados de las más importantes fiestas de la ciudad.

Su prima Fanny, a quien él llamaba Teresa en recuerdo de su esposa, desearía verle más tranquilo. Desearía ser su confidente, aquélla a quien no se le pudiese ocultar nada.

Bolívar comprendía, en ocasiones, que ella tenía razón, que estaba perdiendo el tiempo, que gastaba su actividad, que llevaba una existencia ociosa que en el fondo le repugnaba...

Fanny, que estaba casada con Mr. Dervieu de Villars, tenía uno de los salones más esplendorosos de su época. A sus reuniones acudían La Recamier, Mme. de Stael, el vizconde Laine, los hermanos Lameth, el general Oudinot, Eugenia de Beauharnais, el actor Talma, Chateaubriand, que acababa de publicar *René*, entre otros.

Pese a su juventud, Bolívar se mezclaba en todas las conversaciones; sorprendía por el atrevimiento de sus ideas; seducía por el encanto de su figura. Era el bello extranjero, algo misterioso, a quien se le perdonan opiniones espirituales aunque, a menudo, excesivamente atrevidas.

Continuaba jugando. Celebraba festines galantes en sus aposentos de la calle Vivienne. Hacía y recibía valiosos regalos; montaba a caballo horas enteras por el *bois de Boulogne*; asistía a cacerías en las cercanías de París y hasta llegó a batirse en duelo, afortunadamente sin consecuencias graves.

Pero a Bolívar todo le aburría. Abandonó la estancia de la calle Vivienne y se trasladó a una habitación más modesta, en la calle de Lancry, y empezó a escuchar a su prima, que le reprochaba la inutilidad de su vida. Todos los días visitaba al sabio Alejandro de Humboldt, que acababa de efectuar un viaje de nueve mil leguas por América del Sur, lo que constituía la exploración más notable de su tiempo. Humboldt había sido recibido por los parientes de Bolívar, y estaba agradecido de la exquisita acogida que le hicieron. Hablaba de Caracas con emoción. Bolívar le escuchaba respetuosamente, mientras contemplaba los mapas que el viajero había ido trazando de aquellas regiones, algunas de las cuales estaban inexploradas.

Humboldt contó la recepción que se le tributó, un día de Reyes, en casa de uno de los primos de Simón Bolívar. No era una casa triste y sucia, como tantas había en América, y en las que los festines se componían, invariablemente, de un cordero asado entero y del que cada invitado arrancaba un pedazo con las manos para comérselo. No. Era un palacio magnífico, con un parque inmenso tan cuidado como el de Versalles; surtidores, estatuas, ruinas semejantes a las que pueden verse en los cuadros de Hubert Robert. La fiesta, suntuosa; las mujeres, llenas de esplendor.

Bolívar ofreció la mitad de su fortuna a Humboldt con el fin de fundar un instituto de ciencias en Caracas. Empezó a trabajar, compró libros, devoraba el *Esprit des Lois*, deseando completar sus limitados conocimientos. Comprendió que el sistema Rousseau-Rodríguez, de leer en el gran libro de la Naturaleza, no bastaba para ser erudito.

Humboldt no había olvidado al joven naturalista criollo Caldas, el cual había construido maravillosos aparatos de precisión. Sólo tenía alabanzas para el genio de la raza americana. Bolívar se sentía orgulloso.

Simón empezó a imaginar un futuro radiante: veía ya sacudido el yugo de los españoles, y a los pueblos, liberados, agradecerle su intervención.

Recordaba el modo en que, en una ocasión, fue detenido y registrado en una calle de Madrid por la policía; su resistencia le valió la conminación de que abandonase la ciudad. Todo se aclaró al tener Bolívar cierta amistad con la reina, María Luisa. Naturalmente, casi al instante fue puesto en libertad, pero aquel clima opresivo sirvió, entre otros factores, de acicate a sus ansias de libertad.

Finalmente, fatigado de sus excesos en París, aborreciendo a Napoleón por haber traicionado sus ideales republicanos, Bolívar sintió la necesidad de cambiar de aires. Y Rodríguez le convenció para que le acompañase a Italia, el país del arte, de las bellas canciones, del cielo azul...

Los dos partieron a pie, como buenos camaradas, con una mochila a la espalda.

Era primavera y el tiempo era clemente en los caminos de Francia. Bolívar anhelaba correr algunas aventuras ante las que su preceptor cerraba los ojos. Cuando se hallaban muy cansados, subían al carromato de algún labriego. Simón Bolívar admiraba aquel país, tan distinto al suyo, con aquel pueblo de concienzudos agricultores que trabajaban en el campo mientras lucía la luz diurna, que vivían sin ambiciones...

Rodríguez solía detenerse al borde de los caminos para coger flores y plantas que examinaba con una lupa, explicando a qué especie o familia pertenecía cada una.

Una noche, estando durmiendo en un pajar, Bolívar se despertó y tras zambullir la cabeza en agua fresca, contempló a su preceptor, que dormía plácidamente, no pudiendo por menos que admirar a aquel hombre extraordinario que, ochos años antes, se hallaba a la cabeza de un complot para proclamar la República y elaborar una constitución. Rodríguez pudo escapar a la muerte y, desde entonces, vivía en Europa, ganándose la vida sin preocuparse del porvenir, cambiando de nombre cuando le asaltaba algún mal presagio. En una ocasión se hizo llamar Robinson, después de la lectura de la obra de Daniel Defoe; se había hecho pasar también por químico o por profesor de idiomas. Era un genio desafortunado y un aventurero sentimental.

Anduvieron durante cuatro meses. Por fin llegaron a Italia. Visitaron Milán, Venecia, Verona, Padua, Ferrara; asistieron al desfile de sesenta mil soldados franceses en Montechiaro.

Luego fueron a Nápoles donde les recibió el hermano de Humboldt, quien les acogió con una tierna amabilidad.

En Italia, Bolívar trabó amistad con Sismondi, con el escultor alemán Rauch, se encontró con Mme. Staël...

Su reputación de elegante había llegado a tal punto que en Roma fue recibido en la Embajada de España. Fue presentado al Papa; cuando fue recibido por el Sumo Pontífice se negó a arrodillarse para besar el pie pontifical, y los presentes se escandalizaron. Pío VII, impasible, sonrió y le formuló preguntas sobre América del Sur. En toda Roma se habló de este incidente. Bolívar fue invitado también por los patriotas italianos.

Una noche, en una tertulia, Bolívar declaró que Napoleón había perdido todo prestigio a sus ojos al convertirse en otro César.

Otro día, en pleno verano, Bolívar salió de excursión, con su mentor, por las cercanías de Roma. Llevaba en un bolsillo la *Eneida* y *Los Anales* de Tácito, y de vez en cuando leía algún párrafo de tales obras en voz alta.

Pese al calor sofocante, los dos paseantes fueron recorriendo las ruinas de la Ciudad Eterna, dirigiéndose, ya al atardecer, al Monte Sacro, a cuya cumbre llegaron cubiertos de sudor. Ante ambos se extendía Roma. Para descansar, tomaron asiento en un bloque de mármol, vestigio de una antigua columna.

La vista de Roma, la lectura de los libros latinos, el sol crepuscular, que teñía de rojo el horizonte y la campiña, inflamaron a Bolívar que, poniéndose de pie, con los ojos chispeantes, como faros de una luz interior, exclamó:

—¡Ah, amigo mío, por todos estos inmensos recuerdos, por mi patria y por mi honor, te juro que no he de dar reposo a mi brazo hasta que haya devuelto la libertad a las tierras de América...!

Al regresar a París, su decisión ya estaba tomada.

CAPÍTULO III
REGRESO A AMÉRICA

Bolívar no pudo partir hacia América tan pronto como lo hubiera deseado. Estuvo enfermo y el médico que le cuidaba, al cual contó sus deseos de hacer un largo viaje, intentó disuadirle para que abandonase tal propósito.

Bolívar tuvo que hacer reposo en Nápoles y el tiempo le parecía interminable. Rodríguez había desaparecido para buscar fortuna en otra parte. Un día escribió desde Constantinopla, hablando de los grandes proyectos de su discípulo como de una cosa casi hecha, pero su entusiasmo no bastaba para levantar el espíritu de Simón.

Por otra parte, el invierno no es propicio para los viajes por mar. Circulaban entonces muchas historias de tempestades, de naufragios y de que en el océano pululaban los piratas, que abordaban sin ningún tipo de contemplaciones a los que podían escapar a la furia de los elementos.

Al llegar la primavera, Bolívar, completamente restablecido, pensó embarcar en Burdeos, pero no quería abandonar Europa sin visitar antes a su prima Fanny, quien cada semana le enviaba cartas llenas de dulzura. Finalmente decidió marchar por Hamburgo y pasar por París.

Ya en la capital francesa, Fanny le suplicó que se quedase, pero la voluntad de Bolívar fue inflexible, aunque prometió volver. Fanny entendió que sus ruegos serían inútiles. Había anhelado ver en Simón a un hombre fuerte, valeroso y viril y ahora ya lo era. Ella ya no podía ser un obstáculo a su resolución, aunque preferiría conservarle a su lado algún tiempo más.

La despedida resultó emocionante; Simón se iba exaltado por la grandiosidad de sus propósitos. Fanny le preparó provisiones para el viaje, cuidó de todos los detalles, le seleccionó libros y le entregó una miniatura con su retrato y diversos amuletos. Se sentía inconsolable.

Muy pronto llegó Bolívar a Hamburgo. Al día siguiente, salía un buque para Boston.

La nave era un gran bastimento de cuatro palos, equipado en parte como buque de carta y en parte como navío de guerra. Contaba con cuarenta cañones y Bolívar no pudo por menos que felicitar al capitán por la limpieza y disciplina que reinaba a bordo y también por la belleza del mascarón de proa.

Al zarpar el navío, Bolívar tuvo un pensamiento para su querida Fanny...

La maniobra despertó el interés de Bolívar. El capitán, un holandés, le contó que, en su juventud hacía trata de negros en la Guinea e iba a venderlos a las Antillas, pero los piratas le habían arruinado. Entonces no mandaba más que un bergantín. A la sazón no temía a nadie. Aparte de contar con cuarenta cañones, acerca de los cuales explicó a Bolívar el modo de cargarlos y disparar, la tripulación estaba compuesta por marinos experimentados que habían participado en más de un combate y realizado toda clase de comercios. Los había irlandeses, alemanes, escandinavos, bretones, incluso africanos semi-desnudos, los cuales subían a los masteleros con gran facilidad.

Otros ratos los pasaba Bolívar paseando por el puente, fumando, leyendo la *Nouvelle Héloïse*, y las novelas de Nicolás Restif y Crebillón hijo.

El tiempo era magnífico y la travesía resultaba muy apacible. Una tarde en que se hallaba en su camarote poniendo en orden los innumerables objetos que llevaba de Europa, encontró su diploma de la Francmasonería. Era una gran hoja grabada que representaba una cortina tendida sobre un templo antiguo. Se veían variados atributos: un nivel, una escuadra, un compás, los tres puntos, un mazo. Bolívar rememoró su ingreso en la Logia de Cádiz, adonde le había llevado la curiosidad más que la convicción. Había prestado el juramento de no aceptar como gobierno legítimo de su país más que aquellos que fueran elegidos por libre voluntad popular, y esforzarse por todos los medios a establecer el sistema republicano.

En su interior se rió de las ceremonias de los masones, entre los cuales detectó la presencia de demasiados oportunistas y fanáticos. En París fue promovido a «maestro». No obstante sus reticencias, consideraba que esta asociación, con su aire misterioso e infantil, podía tener, de algún modo, una utilidad práctica.

Una vez en los Estados Unidos le fue dable ver a los *pionniers* (primeros colonos de América del Norte) trabajando valerosamente, construyendo casas, edificando ciudades. Permaneció algunas semanas en Boston, maravillado. Las construcciones de ladrillo de variados colores, las calles cuidadosamente empedradas, los enormes edificios públicos, la Bolsa, con sus doscientos salones... Bolívar vagó por los largos paseos sombreados con árboles. En la plaza Franklin, siete puentes, tres de ellos de madera, ponían en comunicación la ciudad con los arrabales.

Visitó Charlestown, con su célebre arsenal. En los astilleros contempló un magnífico buque de guerra. En su mente, comparó su país aún salvaje, aplastado por los impuestos, brutalizado por los gobernadores españoles, con esa nación libre, activa y ambiciosa.

Finalmente, un pequeño buque que zarpaba rumbo a La Guaira se lo llevó hacia las costas tantas veces añoradas.

¡Cuántos cambios al llegar a su casa! A su llegada se enteró de que a la muerte de su madre sus hermanos se habían retirado al campo para vigilar las propiedades. Bolívar se sentía extranjero en Caracas, pero esta circunstancia no duró mucho tiempo. Su llegada fue festejada, y en casa de los amigos de su familia se vio obligado, con insistencia, a contar cuanto había visto.

Se le hicieron preguntas sobre París, sobre el general Miranda, al cual debía haber visto allí, y que acababa de realizar un desgraciado desembarco en Venezuela.

Bolívar sorprendía a todos por la riqueza de sus vestidos, por su elegancia; era envidiado por ser aquel que ha visto todo lo que los demás desean ver.

Poco a poco, no obstante, volvía a establecer contacto con la vida de su infancia.

Mientras se hallaba en Europa, habían fracasado algunos intentos de sublevación. El complot de España había sido aniquilado con una crueldad desusada. Casi sin pruebas, el capitán Francisco Javier Pirela había sido condenado, junto a diez de sus compañeros, a cadena perpetua. El menor gesto de rebelión era tan severamente reprimido que todo movimiento parecía imposible.

Bolívar, vistas las circunstancias, se vio obligado a aplazar sus proyectos. Se ocupó entre tanto de sus asuntos personales y también de algunos femeninos. Poco a poco fue olvidando el juramento que hizo en el Monte Sacro.

El capitán general de Venezuela recibió un día un paquete de periódicos ingleses que le había sido enviado por el gobernador de Trinidad.

El capitán general, don Juan de las Casas, los dio a su secretario, alegando que carecía de tiempo para leer aquellos impresos. El secretario, Bello, ojeó el *Times* y quedó estupefacto ante las noticias que allí leyó.

A principios del año 1799 el joven Simón viajó a España.

Se describía la abdicación de Fernando VII, la victoria de los franceses en España, la encerrona de Bayona, la entrada en Madrid de José Bonaparte y el destierro de los soberanos. Se reproducía el texto de una carta del rey Carlos al príncipe de Asturias y un acta del mismo rey cediendo sus derechos al emperador Napoleón.

Bello no se atrevió a anunciar de inmediato estas noticias, que le parecían una mixtificación.

Tras pasar la noche sin poder pegar ojo, no sabiendo si su deber le obligaba a difundir aquellas, según él, mentiras, al amanecer, no pudiéndose contener por más tiempo, corrió al palacio de don Juan de las Casas, quien se echó a reír sin conceder crédito alguno a tales noticias, que consideraba una broma de mal gusto, y de las cuales no se había oído ni un murmullo.

El día 15 de julio, a las nueve de la mañana, se murmuraba en la ciudad que durante la noche, un velero había fondeado ante La Guaira. Un bote se destacó del navío y poco después desembarcaron en la costa dos oficiales franceses. Por lo que pudieron comprender, solicitaban monturas. Cuando las hubieron encontrado, se informaron acerca del camino a Caracas.

A la una de la tarde, el comandante Lamanon y el teniente de navío Courtay hacían su entrada en Caracas. La multitud pronto les rodeó con curiosidad. Los oficiales vestían uniforme de gala y se hicieron conducir al palacio del gobernador.

Este no estaba en el palacio, por lo que inmediatamente fueron a buscarle. Las noticias de que eran portadores los franceses parecían ser muy importantes.

El secretario Bello sirvió de intérprete. El comandante Lamanon presentó sus cartas credenciales y anunció el advenimiento al trono de España y de las Indias de Su Majestad José Bonaparte.

El capitán general quedó desconcertado, sin saber qué hacer, y pidió a los mensajeros que le permitiesen reunir el Consejo. Los franceses se retiraron a descansar.

Los principales funcionarios de Caracas se reunieron muy alarmados. El populacho mostraba gran inquietud en las calles. Una tumultuosa manifestación las recorría gritando:

—¡Viva nuestro rey! ¡Muera el usurpador!

La sala de audiencias fue invadida y el capitán general se vio obligado, ante las amenazas, a reconocer a Fernando VII.

Con las banderas y las insignias, todos los funcionarios, vestidos de gala, la milicia, los sacerdotes y el obispo, se dirigieron a la catedral. La multitud era enorme; más de quince mil personas seguían al cortejo.

El público, entretanto, se congregaba ante la casa donde los franceses se hallaban comiendo tranquilamente. Se les insultó y se arrojaron piedras contra la puerta. Sin turbarse demasiado, los oficiales continuaron comiendo. En vista de que las manifestaciones hostiles no cesaban, se asomaron a la ventana y contemplaron con serenidad al pueblo que se hallaba congregado en la plaza. Aquella actitud serena se impuso durante unos momentos, que los franceses aprovecharon para salir por una puerta que se abría a otra calle, y se refugiaron en casa de un compatriota suyo que tenía un comercio de curtidos.

El secretario Bello, enterado de ello, acudió a aquel lugar y les expuso los peligros a que se hallaban expuestos; les refirió la proclamación de fidelidad al rey Fernando VII y les aconsejó que huyesen lo antes posible. En aquel momento llegó un marino y declaró que un buque inglés, al parecer hostil, acababa de fondear ante La Guaira. El comandante Lamanon entregó a Bello una nota para el capitán general, que rezaba así: *Espero que no tolerará la presencia de los ingleses en este país.*

Los oficiales regresaron a su buque. Por el camino se cruzaron con los ingleses que acababan de desembarcar y para no saludarlos volvieron la cabeza fingiendo que no los habían visto.

Desgraciadamente, el viento había caído y el barco francés, *Le Serpent*, no pudo hacerse a la vela. Al día siguiente pudo zarpar aprovechando una ligera brisa, y la fragata inglesa salió inmediatamente en su persecución. A las diez de la mañana se hallaba ya a tiro de cañón. Entonces disparó la primera andanada. Los franceses recogieron las bonetas y tomaron la amura de babor. Una bala de cañón cortó las cuerdas del pabellón. El comandante ordenó que se volviese a izar la bandera al grito de: «¡Viva el emperador!» El palo mayor fue segado y luego cayeron los masteleros de mesana. La situación era desesperada y *Le Serpent* arrió el pabellón y permaneció al pairo.

Los ingleses subieron al puente, se apoderaron de la documentación, dejaron cierto número de hombres en el *brick* y condujeron el navío a Trinidad.

La expedición francesa había terminado tristemente.

En todas las colonias del Nuevo Mundo los enviados de Napoleón fueron muy mal recibidos. Entretanto, la junta de Sevilla despachaba emisarios para anunciar la declaración de guerra a Francia y los fracasos de los franceses en España.

Reinaba un entusiasmo delirante. En todas partes se honró a Fernando VII, en el que nadie pensaba sólo un mes antes. En los sombreros fueron prendidas escarapelas con cintas rojas en las que se leía la siguiente inscripción: «Vencer o morir por nuestro rey, Fernando VII.»

En Santa Fe de Bogotá las mujeres se desprendieron de sus alhajas y las remitieron a Sevilla como ayuda a la guerra contra Francia, llegándose a reunir una cuantiosa suma.

CAPÍTULO IV

REUNIONES CLANDESTINAS

La Caracas colonial era una ciudad de cuarenta mil habitantes. Había indios, negros, mestizos y criollos. También abundaban los perros sarnosos. Las calles eran irregulares, algunas anchas, pero todas mal empedradas. Los aleros se desbordaban en tejas de color rojo, las ventanas estaban pintadas de azul o verde, los muros embadurnados de ocre o blanqueados con cal y, sobre todo, imperaba un sol de justicia.

El pueblo vestía mayoritariamente de blanco. Solamente por las noches podíase ver gente vestida con cierta distinción; aparecían entonces los zapatos cuidadosamente lustrados y los panamás de alto precio. Era la hora de las visitas. Se sentaban sobre canapés de junco, se tendían en hamacas y, en medio de un religioso silencio, la dueña de la casa tocaba aires sentimentales en una vihuela. Cuando el calor se atenuaba comenzaba el baile.

En los barrios bajos, no lejos de los solares donde los buitres negros, llamados también gallinazos, se alimentaban con las basuras, se veían cabañas cuyas vigas avanzaban como espolones; de ellas se colgaban la colada y los cestos de fruta. La techumbre estaba hecha de hojas de iraca.

En el centro de la ciudad, las casas altas tenían un piso con balcón. En estas casas se entraba por un pasillo empedrado de guijarros blancos y negros y de rótulas de carnero dispuestas en mosaico. En ellas se encontraba siempre un patio interior donde se reunían los mosquitos, que se encharcaba con el agua de la lluvia. Todas las habitaciones de estas casas miraban a este patio.

Bolívar ofreció una gran cena en su casa. Asistieron su hermano Juan Vicente, los Toro, José y Martín Tovar, José Félix Rivas, Luis Rivas, Dávila, Salias, Pelgrón, Roscio, Vicente Tejera, Nicolás Anzola, Lino de Clemente, los hermanos Ayala, Listáriz, etcétera. Eran los jóvenes más ricos de Venezuela. La comida fue magnífica, pues la cocina era exquisita. Grandes cestas de flores habían sido admirablemente dispuestas sobre la mesa.

Cuando los criados hubieron retirado el servicio, Bolívar hizo cerrar las puertas y la conversación empezó a ser más libre; se habló de independencia, de la efigie de Miranda quemada en la plaza Mayor de Caracas por orden del virrey, y se dio lectura a la carta que el propio Miranda acababa de hacer llegar a los patriotas:

> *España ya no tiene rey. Está dividida en partidos; unos afectos a Francia, otros a Inglaterra. Todos buscan por medio de la guerra civil alcanzar un objetivo egoísta. Las colonias están ya maduras para gobernarse por sí mismas. Enviad agentes a Londres, estudiaremos juntos el plan más apropiado para asegurar el porvenir del Nuevo Mundo, pero no os precipitéis, porque una imprudencia puede comprometerlo todo. La falta de unión sería la muerte de nuestros proyectos.*

Hubo un momento de emoción después de esta lectura. Uno de los presentes se subió a un banco y pidió un brindis por la independencia, que todos los asistentes acompañaron con sus copas.

Miranda había nacido el 28 de marzo de 1750, en Caracas y abandonado el país a los diecisiete años. Se habían puesto en duda las pretensiones nobiliarias de su padre. Fue a España y se cubrió de gloria en la expedición contra Argel. Encargado de una misión secreta en La Habana, fue acusado de traición por un oficial, celoso de sus éxitos, y en consecuencia presentó la dimisión y se puso al servicio de los Estados Unidos. Exaltado por las ideas de libertad, combatió a las órdenes de Rochambeau.

De gran estatura y cuerpo atlético, Miranda había nacido para mandar. También fue a Rusia, en donde Potemkin lo presentó a Catalina. La emperatriz se interesó por aquel soberbio extranjero, y lo nombró coronel. Federico el Grande le invitó, junto a Lafayette, a presenciar las maniobras de sus granaderos.

En el momento de la Revolución Francesa acudió a París para ofrecer sus servicios. Fue destinado, con el grado de mariscal de campo, cerca de Dumouriez. Fue el héroe de la retirada de Islettes, y entró el primero en Amberes. Cuando Dumouriez hizo traición, Miranda se negó a marchar contra París.

—¿Entonces, se bate usted contra mí? —le preguntó Dumouriez.

—Sí, si usted se bate contra la República —contestó Miranda.

Una vez pasado Dumouriez al enemigo, Miranda compareció ante un consejo de guerra. Su buena fe estaba fuera de toda duda y fue absuelto. Aunque fue efusivamente felicitado, este asunto le enojó y se retiró a vivir al campo, en una finca que había adquirido.

Durante el Terror, su amistad con los girondinos le hizo sospechoso. Fue detenido y pasó dieciocho meses en la prisión de la Force. Tras la muerte de Robespierre fue puesto en libertad. Como poseía cuatro casas en París, en ellas daba albergue a los desterrados del Nuevo Mundo.

Durante una comida en casa de una célebre cortesana, Julia Segur, favorita de Talma, Miranda conoció a Bonaparte, quien se sintió seducido por el ardor del venezolano. Miranda formaba parte de todas las intrigas. Fue detenido y deportado a Cayena, de donde consiguió escapar y refugiarse en Londres. Aquí aconsejó al ministro inglés que separase las colonias americanas de España. Ofreció un plan de ataque, una constitución y un tratado de comercio. Pero se burlaron de aquel gigante que siempre estaba en movimiento, dispuesto a trastornar el universo y que aguardaba durante horas en los pasillos apostrofando a las gentes con su duro acento.

En vista de que no era oído, Miranda se marchó a Egipto, donde vivió de diversos oficios. Al regresar, después de cinco años, encontró a Inglaterra amenazando a España con una ruptura. Pitt le concedió una audiencia. Fue escuchado, pero se aplazó hasta más adelante la intervención inglesa. Pitt aún tenía grabado en la memoria el fracaso de Puerto Rico.

Después de presentar veinte planes diferentes de campaña, Miranda no había conseguido adelantar nada. Acorralado en Londres por los espías de la Legación española, su vida estaba en peligro. Como en Francia había caído el Directorio, Miranda decidió regresar a París, lo que consiguió después de grandes dificultades. Recién llegado, a ruego de la Legación española fue encarcelado en el Temple, acusado de espionaje y de manejos a favor de los enemigos del Estado. Tras unos días de cautiverio, fue liberado bajo condición de que abandonase inmediatamente el territorio de la República, al cual se le prohibía volver.

Regresó a Londres. Fue examinada con benevolencia su idea de una anexión de las colonias sudamericanas, pero Inglaterra se veía seriamente amenazada por Francia y los asuntos de Ultramar pasaron a un segundo plano.

Miranda desembarcó en Nueva York en 1805, con la ayuda del dinero que había pedido prestado a todo el mundo. Jefferson le concedió su aprobación y Miranda armó una corbeta de doscientas toneladas, la *Leander*, al mando del capitán Lewis, y Armstrong, como piloto. Embarcaba doscientos hombres, dieciocho cañones montados, cuarenta piezas de campaña, mil quinientos fusiles, lanzas y gran cantidad de municiones.

La fragata *Emperor* debía acompañar la expedición, pero el capitán no cumplió la palabra. Fue preciso contentarse con dos goletas, las *Bacchus* y *Bee*.

La flotilla fue avistada ante Ocumare por buques de guerra españoles, y la *Leander* pudo escapar, pero tuvo que desprenderse del armamento y las municiones.

Desesperado, Miranda se refugió en Granada. Pronto recobró el valor y organizó una flota de diez navíos. Un corsario francés, no obstante, echó a pique uno de sus mejores buques. El desembarco en Venezuela fue realmente un desastre.

Miranda no encontró más que aldeas abandonadas, animosidad en los habitantes y, sobre todo, muchas enfermedades. La mala voluntad de sus hombres aumentaba día a día y se manifestaba en exigencias. Miranda, por fin, se vio obligado a abandonar aquella Venezuela que había creído más patriota.

En casa de Simón Bolívar se hablaba de todo esto, mientras los jóvenes fumaban grandes cigarros.

En un rincón, Bolívar reflexionaba. Era el más sereno de todos. Le acusaban de no ser más que un aficionado que a lo único que estaba dispuesto era a contribuir con un poco de dinero, pero incapaz de un esfuerzo personal por la causa. Él, entretanto, pensaba recordando sus días en París, en Viena, el Monte Sacro... «¿Qué hacer —se decía— con estos hombres que gritan tan fuerte y a los que la menor contrariedad abatirá y la menor distracción alejará de sus grandiosos proyectos? ¡Ah, si todos tuviesen la tenacidad de Miranda, Venezuela se vería pronto emancipada...!»

CAPÍTULO V

EL ALZAMIENTO DE 1810

Embozados en sus ruanas de abigarrados colores, descalzos, escupiendo por doquier; los enormes sombreros ladeados hacia la oreja, dispuestos a emborracharse con guarapo hasta no poder aguantar de pie, las gentes del pueblo se desinteresaban en absoluto de todo movimiento político.

No se intentaba discutir al rey, pues estaba demasiado lejos.

Tras los acontecimientos de julio de 1808, se opinó que el capitán general, don Juan de las Casas, no había demostrado suficiente presencia de ánimo y firmeza cuando la llegada de los oficiales franceses. Había faltado poco para que hubiese reconocido al usurpador. Fue sustituido, cortésmente, por el brigadier don Vicente de Emparán, hombre conciliador, bien dispuesto hacia todos, virtuoso y generalmente estimado.

Las gentes se acostumbraron pronto a su dulzura y ésta se apreció de tal modo que, el día que se ordenó una medida un tanto severa contra las publicaciones clandestinas, los liberales se mostraron descontentos. Fue en vano que Emparán invitase a los miembros más destacados de este partido para intentar convencerles de que renunciasen a sus locas ideas. Se le contestó que la guerra contra España era el único proyecto que merecía una reflexión.

Esto era demasiado. Emparán ordenó la detención de dos o tres agitadores y aconsejó a los demás, entre los que se hallaba Bolívar, que fuesen a pasar una temporada a sus haciendas y que no pusiesen los pies en la capital.

45

El 17 de abril de 1810 llegó la noticia de que Cádiz había caído en poder de los franceses.

El 19, los liberales decidieron aprovechar la ocasión. Era el Jueves Santo. Todo Caracas se dirigía a la catedral. Emparán fue llamado, bajo pretexto de un asunto de extrema gravedad, a la sala de asambleas. Allí se le pidió que aceptase la presidencia de una Junta de Caracas. España ya no se hallaba en situación de poderse ocupar de los asuntos del Nuevo Mundo y el país podía gobernarse por sí mismo.

Ante la energía de los patriotas, Emparán no tuvo más remedio que ceder. Firmó algunas actas. La multitud, excitada por los conjurados que se hallaban esparcidos entre ella, le impidió hablar cuando se presentó en el gran balcón. Cuando salió, la guardia no le presentó armas, pues el capitán de la misma formaba parte del complot.

Desesperado, Emparán dimitió de sus funciones. Se le entregó una espléndida indemnización y se le condujo a La Guaira, donde tuvo que embarcarse en el primer buque que zarpó rumbo a España.

La Junta de Caracas se asignó primero el nombre de «Junta Conservadora de los Derechos de Fernando VII». No pensaba en aquel momento declarar la desposesión real; simplemente pretendía administrar por sí misma el país. Envió a todos los cabildos un manifiesto en el que se leía:

Los patriotas de Caracas han de ser secundados por todos aquellos a quienes una larga servidumbre no ha borrado aún toda esperanza de redención. De este modo obtendrán la estima de las naciones que tienen el concepto claro de patriotismo. Sois los designados para difundir estas ideas en el pueblo a la cabeza del cual os encontráis. Reanimad su energía en nombre de la gran unión de la América Española.

En 1810, Bolívar se ofreció a colaborar con la Primera Junta de Caracas.

Cuando se realizó este golpe de Estado, Bolívar se hallaba en el campo. Recibió la noticia al terminar de comer. Inmediatamente saltó sobre su caballo y se dirigió, al galope, a Caracas.

¿Qué pensar? Algunas veces se exageraba la victoria, en algunos momentos temía haber sido engañado, pero tenía enormes deseos de llegar.

Sin perder un solo instante, al llegar a Caracas, Bolívar se precipitó a la casa de Bello, quien se lo confirmó todo.

Bolívar se dirigió al Consejo de la Junta y mostró su documentación militar:

Batallón de voluntarios blancos
Valle de Aragua.
Nombre: *Simón Bolívar.*
Nacido en: *Caracas el 24 de julio de 1783.*
Familia: *Noble.*
Salud: *Buena.*
Entrada en el servicio: *14 de enero de 1797.*
Campañas y hechos de armas: *Ninguno.*
Grado: *Capitán de milicias.*
Valor: *Se le supone.*
Aplicación: *Ídem.*
Capacidad: *Ídem.*
Conducta: *Normal.*
Estado civil: *Viudo.*

Seguían algunas firmas y sellos.

La Junta nombró entonces a Bolívar teniente coronel de las milicias.

En este momento hacía su entrada en la Historia.

Las ideas emancipadoras se abrían extraordinario camino en todas las colonias españolas.

En Santiago de Chile, en Buenos Aires, la causa de la independencia parecía ganada de antemano.

En Santa Fe, una disputa en un almacén de telas, degeneró en motín. Los conjurados recorrieron las calles gritando:

—¡Se asesina a los americanos! ¡Viva la Junta!

Los patriotas se titulaban «diputados de la nación», lo que causaba un excelente efecto sobre las masas.

Destacaron actos de heroísmo. En un momento en que una guarnición se disponía a disparar, una mujer se puso a la cabeza de los manifestantes, y dijo a su hijo de cinco años:

—Vete a morir con los hombres. Nosotras, las mujeres, marcharemos delante y si los cañones nos derriban, habremos, al menos, salvado la vida de los que se hallan detrás de nosotras y así podrán apoderarse de las armas.

El niño se echó a llorar. Los soldados fraternizaron con el pueblo. El virrey juzgó la resistencia imposible.

En Caracas reinaba el júbilo. Las gentes se creían definitivamente libres. España estaba lejos. Se organizaron fiestas y bailes.

La Junta decidió enviar embajadores para pedir a Inglaterra el reconocimiento de los hechos realizados. Pero, ¿a quién enviar? Los gastos eran inmensos y la Junta no disponía de grandes recursos.

Bolívar ofreció hacerse cargo de todos los gastos. Por otra parte y dado que ya conocía Inglaterra y tenía allí amigos, su proposición fue aceptada.

Acompañaron a Bolívar, Luis López Méndez y Bello, el eterno secretario. El almirante Cochrane puso a su disposición el *General Lord Wellington*, que precisamente debía regresar de las islas Barbados a Inglaterra.

CAPÍTULO VI

LA MISIÓN DE LONDRES

Aquella fue una misión que marcó el comienzo de una gran carrera para el futuro Libertador.

Bolívar partió hacia Londres lleno de esperanzas; se tenía plena confianza en él; estaba acostumbrado a los viajes y al trato social. Hablaba algunas lenguas, era elegante, excelente orador; fue ascendido al grado de coronel y recibió el título de diputado provincial de Caracas.

Venezuela se creía ya una gran nación. El documento que designaba a Bolívar como jefe de aquella misión estaba fechado el 6 de junio de 1810 y nombraba a Luis López Méndez como segundo jefe y a Andrés Bello como secretario.

Se instruyó a los comisionados para que desde el principio hasta el final de las negociaciones se recalcara la importancia de preservar la monarquía española y de ajustar las futuras acciones dentro de las más estrictas leyes monárquicas.

Durante la travesía, Bolívar y sus compañeros ensayaron los discursos, las preguntas y las respuestas. Se les había preparado una larga instrucción detallada y calculada para no herir la susceptibilidad del rey Jorge III y para demostrar la honradez de las reivindicaciones.

Desembarcaron en Portsmouth el 10 de julio de aquel año de 1810. En dicha ciudad sólo permanecieron unas horas.

Al llegar a Londres les habían sido reservadas habitaciones en el Morin's Hotel.

La primera entrevista se fijó para el 17 de julio, pues al día siguiente de la arribada a Inglaterra, Simón Bolívar había hecho llegar una carta al marqués de Wellesley, que había reemplazado a Castlereagh como ministro de Asuntos Exteriores. En aquella carta se anunciaba la llegada de la delegación venezolana y se solicitaba el pase necesario.

Inglaterra quería intimidar a España acogiendo favorablemente a los representantes de sus colonias sublevadas, pero al mismo tiempo, negar toda ayuda a Venezuela bajo el pretexto de una alianza con España. Inglaterra deseaba ofrecerse a representar el papel de mediador, lo cual le procuraría el agradecimiento de ambas partes, sin que ella tomase partido por ninguna.

Bolívar llevaba cartas credenciales recomendado por Fernando VII, pero ante el hombre de Estado inglés, llevado de una pasión que no pudo dominar, no habló para nada en nombre del rey de España y de las Indias, sino que, por el contrario, lo hizo en nombre de la independencia de un país injustamente maltratado y que no deseaba más que liberarse de un odioso yugo.

Lord Wellesley le hizo comprender que Inglaterra no podía hacer nada en favor de tales fines y que una alianza estrecha con el Consejo de la Regencia de Sevilla le impedía pronunciarse en un asunto que era de incumbencia española. Todo lo que podía prometer era proteger al Nuevo Mundo contra un ataque francés en el caso de que José Bonaparte continuase siendo rey de la península.

Bolívar intentó consolarse de este fracaso paseando por Hyde Park, vestido con una extraordinaria elegancia. Todas las miradas se fijaban en él y era llamado embajador de la América del Sur. Fue invitado a bailes y recepciones y asistió a la ópera. El conde de Mornington, el duque de Gloucester le visitaban diariamente; frecuentó las carreras, jugando y ganando. Le fue presentado el pintor de moda Gill, que pintó su retrato representándole con uniforme de coronel, una cinta tricolor en torno al cuello y una medalla en la mano donde aparecía grabado: «No hay patria sin libertad.»

Toda la juventud de Londres se reunía en el estudio de Gill, en Chandler Street. Mientras Bolívar posaba, se organizaban asaltos de esgrima, y conciertos de música. Los boxeadores John Gully y Gregson hacían exhibiciones. Lord Byron, de regreso de Turquía, contaba sus proezas natatorias e incluso el mismo Bolívar hizo un asalto a sable con un célebre maestro, el cual le felicitó por su buena disposición.

Los periódicos se mostraban unánimes en alabar la gracia y la amabilidad de los visitantes venezolanos.

Bolívar estudió la Constitución inglesa y soñaba con aplicarla a su país, con algunas modificaciones.

El 31 de julio el Consejo de la Regencia de Sevilla declaró a Tierra Firme el estado de bloqueo por rebelión manifiesta.

En vista de que Inglaterra continuaba siendo aliada de España, Bolívar comprendió que ya no tenía nada que hacer en Europa. Permaneció, no obstante, en Londres, cuyos atractivos no se decidía a abandonar. Se encontró con Miranda, que acababa de enviar una carta de felicitación a la Junta de Caracas.

Miranda continuaba llevando una gran vida, aunque sin renunciar a ninguno de sus proyectos. La policía secreta española le seguía el rastro. Se sabía que habían puesto precio a su cabeza: treinta mil dólares.

—No basta para pagar mis deudas —declaró Miranda.

Como Bolívar ya no tenía que cumplir ninguna misión oficial podía visitar a aquél sin necesidad de ocultarse. Esto le satisfizo y ambos se hicieron inseparables. Miranda residía en Picadilly Grafton Square. Todos los desterrados políticos que vivían en Inglaterra se reunían en su casa.

Entre tanto, el *Morning Chronicle* y la *Edimburg Review* publicaban unos artículos vibrantes, llamamientos del rey

Jorge III, grandiosos planes de confederaciones panamericanas. El Gobierno previno a Bolívar que había sido armado y dispuesto especialmente para él el *brick Sapphire*, y que no podía ya demorar más su partida.

Bolívar se despidió de Miranda, quien le confió todo su equipaje, jurándole que pronto se le uniría en Caracas. Doscientas personas acompañaron a Bolívar hasta el muelle de Portsmouth.

El buque zarpó el 21 de septiembre, con gran agitación de pañuelos en el muelle. Bolívar se hallaba inquieto, deseoso de llegar a Caracas, cuyo bloqueo debía de haber comenzado ya. Llevaba con él dos esclavos indios, José y Juan Pablo. Bolívar los hizo libres, lo que ellos agradecieron sin comprender. Tampoco el capitán del *brick*, Davies, que había visto muchas cosas en el mundo, pudo comprender aquel gesto.

El pabellón inglés era una garantía de seguridad para la travesía y, efectivamente, ningún buque español apareció a la vista.

Grandes bandadas de tiburones acompañaron al *Sapphire* durante muchas millas. Inclinado sobre la borda, Bolívar les arrojaba todos los papeles de su embajada, que ya carecía de utilidad para él.

Los movimientos juntistas

La invasión napoleónica de España en 1808 provoca por primera vez desde el descubrimiento de América una crisis política constitucional en la monarquía española, que tuvo profundas repercusiones en todos los reinos de la Corona y sobre todo en los del Nuevo Mundo. En ambos lados del Atlántico se propusieron, y se llevaron a cabo, soluciones idénticas para el problema planteado, basadas en la doctrina jurídica ya esbozada en el siglo XVI por la que si la soberanía reside en el pueblo y éste la cede al soberano por medio

54

de un contrato tácito, si éste faltaba, volvía a su primer depositario (teoría pactista ya formulada por otra parte en la Edad Media en la Corona de Aragón y que después sería reformulada por Juan Jacobo Rousseau). Con la marcha de Carlos IV y su heredero Fernando VII a Francia, se produce un vacío de poder llenado tanto en la metrópoli como en América por movimientos juntistas de defensa.

Dos ideas se hallan vivas en el «pueblo español de ambos hemisferios»: el antiafrancesamiento que se manifiesta en la destitución de las autoridades existentes plegadas a las exigencias del rey José y de su omnipotente hermano, y la intención de defenderse contra una posible invasión napoleónica. Así, en la emancipación de Hispanoamérica iba a mezclarse el disgusto producido por la ocupación de la metrópoli y el deseo cada vez más creciente de separarse políticamente de ella. Fernando VII se transformará en un símbolo sentimental al que se le respetaba, pero sin querer depender de él.

CAPÍTULO VII

LOS PRIMEROS CONFLICTOS

Tres hombres se hallaban al frente del poder en Caracas: Juan Escalona, Cristóbal Mendoza y Baltasar Padrón. Jamás se había visto semejante desorden.

Tras unas semanas de alegría se habían dado cuenta de que la situación se complicaba, pues algunas ciudades reconocían la Regencia. En Lima, la guarnición española había saqueado el barrio rico y, bajo un futil pretexto, asesinaron a centenares de personas.

Puerto Cabello se había convertido en el centro de la contrarrevolución. En todas partes se predicaba el castigo de los insurrectos.

La Junta decidió enviar al marqués de Toro con cuatro mil hombres contra la ciudad de Coro. El marqués disponía de cuatro piezas de campaña, pero carecía de municiones. Sus hombres estaban armados con cuchillos, barras de hierro, bastones, viejas espadas; sólo un centenar tenían fusil. El resultado fue lamentable. A la primera descarga de los españoles, se produjo una desbandada general.

El hermano de Bolívar había sido enviado a los Estados Unidos para comprar armas. Un comerciante poco escrupuloso le persuadió de que, en vez de armas, debía comprar máquinas agrícolas, que prestarían mucho mejor servicio al pueblo venezolano. Nadie conocía el funcionamiento de estos aparatos cuya necesidad no se hacía en modo alguno sentir. Por otra parte, el buque que las transportaba se fue a pique en una tempestad, y Juan Vicente pudo escapar a la muerte de puro milagro.

Bolívar, furioso por los acontecimientos, se retiró a una de sus haciendas.

La Junta comprendió que debía tomar medidas lo más pronto posible, pero ¿qué hacer?

Se anunciaba la llegada de Miranda. Su acogida daba como fruto declarar limpiamente la guerra a España. Pero al punto en que estaban las circunstancias, ya poco importaba.

Era preciso un hombre de férrea voluntad, y Miranda aparecía como el salvador. Se hicieron preparativos para recibirle pomposamente. Los delegados que debían salir a su encuentro habían estudiado un corto discurso:

«Vuestra patria va a pareceros muy cambiada. La antigua tiranía ha cedido el puesto a un gobierno que no piensa más que en el bienestar de la nación, pensamiento que ha sido siempre vuestra gloria.»

Cuando el buque que traía a Miranda estuvo a la vista, se dispararon salvas en su honor.

Una embarcación se aproximó a la costa; el general iba sentado en la popa, descubierto, al mando del timón, mientras cuatro hombres fuertes remaban en cadencia.

Los delegados vestían uniformes realmente vistosos: numerosos galones en el pecho y en los hombros, pistolas al cinto, sables tan grandes que arrastraban, enorme espuelas y un sinfín de artilugios más.

Miranda les contempló con lástima.

Simón Bolívar se presentó a caballo, vestido con más propiedad. Llevaba un traje azul oscuro, una corbata gris, y se cubría con un sombrero de alas planas, formando visera delante y detrás.

Miranda, después de los saludos de rigor, le preguntó dónde estaba el ejército que él, general de Francia, iba a mandar sin comprometer su dignidad.

El 5 de julio de 1811, los diputados firman el acta de la Independencia de Venezuela ante el general Miranda.

La multitud le aclamaba sin demasiado entusiasmo. Todo el mundo estaba desconcertado ante aquel gigante de aspecto huraño, que había estado en tantos países y del que tanto se había hablado, por sus ideas regicidas y sus aventuras.

Fue servida una comida en casa de Bolívar. Durante el transcurso de la misma, Miranda se sintió lleno de amargura. Creía encontrar un Estado organizado, entusiasta, dotado de soldados valerosos y bien equipados. Encontraba Caracas más sucia que nunca. Los hombres descalzos, desconocedores del ejercicio. «¿Y con esto hay que hacer una república?», pensaba.

Recordó la revista de la guardia de Federico el Grande, los jinetes de Potemkin, los regimientos magníficos de Sambre et-Meuse. Aquí no había más que haraposos embrutecidos. Esas gentes eran acreedoras al yugo español, y hablaban de independencia. ¡Qué decepción!

Bolívar intentó explicarle que la situación no era tan mala; que todos aquellos muchachos eran valientes, que con un poco de paciencia se les convertiría en maravillosos guerreros.

—¿Qué sabe usted? —le preguntó Miranda.

—Soy coronel de las milicias —respondió Bolívar.

—Entonces ya está todo arreglado, coronel —gritó Miranda, levantándose de su asiento—. Pero no es momento para bromear. ¿Sabe usted quiénes eran Turenne, Condé, el mariscal De Saxe? ¿Sabe usted cómo se organiza una batalla? Está usted muy equivocado. Cree que no hay más que dirigirse contra el enemigo. Usted no es acreedor al puesto y graduación que le han asignado. Es muy joven, carece de experiencia. Comenzará por ser subteniente. Luego se verá lo que es usted capaz de demostrar. ¡Y este ridículo marqués del Toro, que se ha nombrado a sí mismo general y que apenas puede mantenerse de pie! Me habéis hecho venir, pero no será precisamente para divertirme por lo que *he venido. Vamos a trabajar duro y deprisa. Contad conmigo, camaradas, esto va a cambiar.*

Miranda establece un comité de salvación pública, pues las noticias son alarmantes. Se habilitan campos en donde los reclutas aprenden, habitan y se les instruye para la guerra. Se les enseña la posición del tirador, la esgrima de la bayoneta, etcétera.

Miranda escribe a Francia a fin de conseguir oficiales instructores.

No descansa un momento. Pasa todo el día en los campos de ejercicios. No cree en la teoría de que en caso de peligro el pueblo se levantará por sí solo para rechazar al invasor. No se combate con ideas morales y utopías, se combate con tropas regulares que estén habituadas a las armas.

Se construyen arsenales, se fabrican municiones...

Por las noches, Miranda regresa a Caracas, toma parte en todas las asambleas, pronuncia discursos alentadores y ardorosos. Es escuchado y obedecido.

Sin embargo, un oficial español que había ofrecido sus servicios a la Junta y que había sido encargado de un importante empleo, desaparece con todos los planes de movilización.

Esta vez no es posible vacilar por más tiempo. No se trataba ya de discutir sobre los detalles y de perder el tiempo en mezquinas querellas. Se comprendía la gravedad de la situación y en todas las reuniones públicas reinaba el ardor.

Ya no se defendían los derechos de Fernando VII contra Bonaparte o la Regencia. Se hablaba de la República y los derechos que se reivindicaban eran los derechos de los hombres.

El día 3 de julio de 1811, todos los representantes del pueblo se reunieron en la catedral. Era el edificio de mayor capacidad. Había sido levantada una tribuna ante el altar y colocada una larga mesa cubierta con un tapete de color rojo.

A las diez en punto de la mañana llegó Miranda. Marchaba a largos pasos de un lado a otro. Bolívar estaba nervioso. Se comprendía que iba a ocurrir algo extraordinario.

Cuando se hallaron presentes todos los diputados, se abrió la gran puerta y la multitud pudo entrar, contenida por la barrera de los reclinatorios.

El presidente, Rodríguez Domínguez, abrió la sesión para tratar de la cuestión de la independencia absoluta. Inmediatamente se armó un griterío enorme, pues todos querían ser el primero en hablar. Había nobles, jóvenes y ancianos, sacerdotes, oficiales, comerciantes. Era ya de noche y todavía los discursos se sucedían en una atmósfera de pasión. Hacía un calor sofocante y, a pesar de la tensión que existía en el lugar, los oradores no estaban extenuados. Por fin se levantó la sesión.

El pueblo no parecía preparado, los diputados tampoco; se aprovecharía un momento favorable para que la votación fuera unánime. Se esperó al día siguiente.

La gran catedral quedó vacía, con las puertas abiertas y la nave en desorden.

Algunos apasionados seguían discutiendo en la plaza. Las gentes permanecieron de pie durante toda la noche.

El 4 de julio los debates se reanudaron con gran actividad.

El día 5, comprendiendo que los presentes se hallaban en la cúspide del entusiasmo, Miranda anunció que Massena acababa de ser derrotado en España y que un tratado con Francia seguiría fatalmente a una victoria de Sevilla, que no tardaría en preocuparse de enviar una expedición contra Venezuela.

Todo el mundo se puso de pie al grito de: «¡Viva la República!» y «¡Abajo la esclavitud!» Se reclamó la independencia total. En el momento de mayor entusiasmo, el acta de la

Independencia de Venezuela fue redactada por Doscio e Isnardy y firmada por los cuarenta y un diputados.

El gobierno de América no correspondía a los españoles —según constaba en dicha acta—, sino a los conquistadores que la habían edificado con sus obras y esfuerzos y que se habían unido con los indígenas y que habían nacido en el territorio americano. Los hombres que proclamaban la revolución americana eran los propietarios de grandes fortunas y gozaban de posiciones influyentes.

Se veía que Venezuela no quería seguir siendo un país vasallo de un Estado europeo, pues acababa de romper con la Corona y la nación española.

La noticia fue difundida inmediatamente a la multitud; numerosos jinetes salieron en todas direcciones para llevar la nueva. Durante toda la noche se encendieron grandes hogueras en las calles. Las gentes se abrazaban, bailaban y cantaban. Cundía el valor y el entusiasmo. Se proliferaban los insultos contra el opresor. En las hosterías, algunas personas que fueron juzgadas demasiado tibias por los borrachos, corrieron peligro de ser degolladas. Se blandían cuchillos y se amenazaba con apuñalar a los españoles.

Una escuadra española, procedente de Puerto Rico, intentó realizar un desembarco en Cumaná, pero la resistencia organizada a toda prisa, impidió que se acercasen los buques. Esta pequeña victoria exaltó los espíritus de las gentes, que se creyeron ya liberados de todo peligro.

Miranda propuso los colores para la bandera nacional, y la propuesta fue aprobada por unanimidad. En la misma plaza donde los españoles, once años antes, habían decapitado a su padre, el hijo de España presentó el estandarte amarillo, azul y rojo, al ejército.

Unos desfiles que se celebraron en la capital el 11 de julio parecían espectáculos teatrales y, posiblemente, su único propósito era el de dar a la revolución un aspecto ridículo. Pero se castigó a los actores de tales hechos.

El 14 de julio hubo iluminaciones y fuegos de artificio. Se festejó ese día en todas las casas.

Las estatuas y retratos de Fernando VII y de Carlos IV fueron destrozados.

Sin embargo, a los dos días arribó la noticia de un levantamiento en Valencia, una ciudad importante que se hallaba situada a unos doscientos kilómetros de Caracas. Esta rebelión demostraba el desconcierto de propósitos en que Venezuela se encontraba.

El Congreso otorgó al Gobierno facultades para luchar contra aquel levantamiento. Miranda tomó el mando, aunque expuso expresa condición de que Bolívar no formara parte de la expedición. No obstante, no lo consiguió, pues la fuerza que mandaba Bolívar, la Milicia de Aragua, formaba parte del ejército enviado a Valencia.

Miranda marchó sobre Valencia el 19 de julio. En el primer ataque Bolívar luchó brillando con luz propia. Miranda, en cambio, se vio obligado a retroceder para reorganizar sus tropas, que sufrieron muchas pérdidas, tanto en hombres como en municiones.

Quince días después, Miranda lanzó otro ataque contra Valencia. Esta vez estableció un asedio sistemático a la ciudad, de tal forma que Valencia acabó por capitular. Sin embargo, el prestigio de Bolívar como guerrero y su influencia en el ejército habían quedado ya afirmados.

Valencia no era una plaza en donde la reacción había adquirido un aspecto particularmente peligroso. Miranda no pudo aprovecharse de este éxito, porque fue llamado a Caracas, en donde las rivalidades y el odio de la aristocracia criolla intentaban hacerle condenar por falta de firmeza con los españoles. Miranda opuso su desprecio a las acusaciones y desarmó su ejército.

Los españoles, mientras tanto, reanudaron su ofensiva por todas partes. Victorias, fracasos, de nuevo pequeñas victorias... Ninguna batalla era decisiva.

El general español Monteverde entró en Siquisique, haciendo pasar a cuchillo a todos los habitantes y, levantando a las poblaciones rurales para luchar por la causa del rey, se dirigió hacia Barquisimeto.

Los independentistas aguardaban con valor, dispuestos a luchar encarnizadamente, pero una espantosa catástrofe destruyó sus esperanzas.

CAPÍTULO VIII

EL GRAN TERREMOTO

El 26 de marzo de 1812, en Caracas, un espléndido día de Semana Santa, las procesiones se dirigían a la catedral, acompañadas por el clero y los coros infantiles. La bandera de la independencia ondeaba en todos los edificios. Se hablaba sobre el avance de Monteverde, pero sin temor. El enemigo sería rechazado. Hacía dos años que Venezuela había tomado conciencia de su fuerza y expulsado al capitán general. Desde entonces ninguna amenaza había hecho flaquear el ánimo de los patriotas.

En la mitad de la tarde, el cielo se oscureció de súbito, y un trueno estalló con espantoso ruido. La tierra se puso a temblar, se hundieron casas, en las calles se abrían profundas grietas, los caballos se desbocaban espantados y las gentes huían como locas; familias enteras desaparecían en las grietas y entre los agujeros que se abrían y cerraban en un segundo.

Numerosos edificios se incendiaron y las cabañas quedaron reducidas a polvo.

También la procesión fue sorprendida por el seísmo. En el suelo yacían cirios, estolas, estandartes, incensarios que todavía humeaban. Las madres llamaban a sus hijos, los esposos a las mujeres... Era el pánico, ya que la tierra no dejaba de temblar.

Las gentes, para evitar las piedras y los derrumbamientos, se aglomeraban en el centro de la plaza, pero también la plaza

67

se hundía tragándoselo todo. Entre los escombros, los cadáveres se contaban por centenares.

Bolívar recorrió la ciudad con algunos compañeros, llevando angarillas. Por fin la tierra dejó de temblar. El terremoto causó cerca de diez mil desaparecidos, sólo en la ciudad de Caracas. Los que pudieron salvar la vida llevaban en sus cuerpos las huellas del cataclismo: cojeras, brazos vendados, rostros machacados...

Las gentes temían volver a entrar en las casas que habían permanecido en pie pues temían una nueva sacudida.

Por las calles devastadas, montones de piedras por doquier, y cuerpos destrozados, cadáveres, muchos cadáveres.

Bolívar, lleno de energía, iba de un grupo a otro, recogiendo a los heridos y organizando un hospital de campaña a la intemperie.

Su propia casa también se derrumbó. Sus libros, sus muebles, sus vestidos y objetos aparecían esparcidos entre los escombros.

Las ciudades de Mérida, Barquisimeto y San Felipe quedaron totalmente destruidas. En La Guaira no quedaba en pie más que una casa: la de un inglés que estaba ausente.

Las tropas enviadas contra Monteverde quedaron aniquiladas. Los depósitos de municiones, los almacenes, los parques de artillería, nada se pudo salvar.

La fatalidad fue que, milagrosamente, las ciudades que estaban en poder de los españoles escaparon al desastre. Monteverde no perdió ni un solo soldado.

En todas partes, ante las iglesias devastadas, los sacerdotes, para recuperar en parte su influencia previa a la revolución, predicaban la vuelta al Antiguo Régimen.

«Dios ha querido castigar a los patriotas y las costumbres disolutas de los venezolanos. El adversario de la expulsión de Emparán ha sido elegido por Dios para ejercer su justicia. Después de dos años, el castigo se ha manifestado terrible.»

Bolívar, poco después de la firma del acta, demostró su valor y recuperó su grado de coronel.

El pueblo, fanático, se sintió emocionado. Numerosas parejas que vivían juntas sin estar casados, legitimaron su unión. Todos se sentían culpables de algo; los recuerdos bíblicos de Sodoma y Gomorra estaban en todos los espíritus. No se pensaba en llorar a los muertos. La situación estaba perdida, los españoles podían entrar en la ciudad, pues no encontrarían ninguna resistencia.

Bolívar topó en su camino con un sacerdote que exhortaba a las gentes a someterse al rey. Desenvainó el sable, atropelló a los que escuchaban al clérigo, lo apartó a un lado y, de pie, sobre un montón de escombros, gritó, blandiendo el arma:

—¡La Naturaleza se alía con el despotismo, intenta detenernos! ¡Peor para ella, sabremos obligarla a obedecernos!

Los que le escuchaban quedaron impresionados... Caracas estaba en ruinas.

Las ciudades fueron reconstruyéndose poco a poco.

Miranda se hizo nombrar dictador y generalísimo de los ejércitos de tierra y mar de Venezuela.

Regresó a Caracas para llamar a las armas a todos los venezolanos, cualquiera que fuese su color y su estado de fortuna.

Los esclavos recobraron su libertad a cambio de un alistamiento por diez años. Se estableció la recluta forzosa. Los hombres fueron conducidos con grilletes en las manos y enviados inmediatamente a un cuartel, en donde se les instruyó sin darles tiempo a comprender lo que ocurría. Con tal procedimiento, salieron excelentes soldados. No se les alimentaba con regularidad, se les pagaba en asignados, no había suficientes uniformes, pero no importaba. Se sentía necesidad de soldados.

Con este irregular ejército, Miranda derrotó dos veces a los españoles y Monteverde consiguió huir con mucho trabajo y esfuerzo.

El Estado Mayor de Miranda estaba formado casi enteramente por extranjeros: irlandeses, escoceses y, sobre todo, franceses.

Miranda ofreció un banquete de cien cubiertos a sus oficiales, quienes, en la comida, contaban sus aventuras.

—Antes de venir aquí a mandar la caballería —declaró Serviez—, he pasado por trances muy duros. Capitán de dragones con Napoleón, todos hablaban del brillante porvenir que me estaba reservado. Un día, en un baile, conocí a la esposa de un general. No sé cómo pudo ocurrir, pero el caso es que me convertí en su amante. Cuando fui herido en España, mi querida olvidó toda prudencia y abandonó a su marido para cuidarme. El escándalo nos obligó a ambos a huir a Inglaterra. Al no estar casados nos era muy difícil encontrar empleo. Cuando habíamos encontrado una ocupación el nacimiento de un hijo nos sumió en la miseria. Posteriormente embarcamos hacia los Estados Unidos, en donde esperaba sentar plaza en el ejército, pero no me admitieron. Pasaba el tiempo y la falta de medios se hacía cada vez más patente en nosotros. Entonces me enteré de la revolución de Tierra Firme y de la llegada de Miranda. Sin dudarlo un instante, me presenté aquí. Mi querida se ha quedado en Boston, en casa de una parienta, y allí cuidará bien de nuestro hijo.

—Yo soy escocés —dijo MacGregor—, y no he amado nunca a Inglaterra. Deserté porque no me gustaba combatir contra Francia. Me alisté como simple marinero en un corsario holandés. Llegué a ser el segundo de a bordo, pero un día, tras una discusión, me batí con el capitán y le maté. Promovido a comandante del buque pirata, he surcado todo el océano. Tomé posesión de una isla que no está muy lejos de la Florida, e instalé en ella una especie de depósito para todos los filibusteros de las Antillas. Acudían a mí para reparar los buques, comprar armas y municiones. Me cansé pronto de esta existencia demasiado fácil y como Miranda me pareció un hombre simpático, le ofrecí mi sable. Cuando la guerra haya terminado reanudaré, tal vez, mi vida de pirata. Finalmente, me retiraré a un islote del Pacífico, que sólo yo conozco, y me haré nombrar rey por los indígenas, que son amigos míos.

—¡Nosotros daremos nuestra sangre, si es preciso, por la libertad de Venezuela! ¡Viva Venezuela libre! —exclamaron Chatillon, Du Cayla y Schombourg, los tres, antiguos capitanes de húsares.

Miranda sentía un profundo desprecio hacia los criollos. El único por quien mostraba alguna simpatía era por el teniente Soublette, ya que era de origen francés.

Por una vez, Miranda hizo las cosas bien. Nada parecido a la cocina cargada de especias a las que nunca pudo habituarse, sino platos preparados como en París. Buen vino y exquisitos licores. La mesa se hallaba engalanada con los colores de Venezuela. Los indios no cesaban de aportar nuevas viandas. En la inmensa sala donde se servía la comida, los ventiladores no cesaban de funcionar.

Mientras, Miranda aconsejaba a Juan Gual, que iba a marchar en embajada hacia los Estados Unidos, describiéndole a los principales personajes que iba a encontrar allí.

Al servir el café, los oficiales encendieron grandes cigarros.

En aquel momento entró en la sala el coronel Bussy, quien se inclinó hacia el generalísimo, hablándole en voz baja. Miranda se levantó, excusándose, pues se trataba de un mensaje urgente.

En el vestíbulo, un hombre cubierto de polvo del camino le tendió una misiva. Miranda rasgó el sobre, extrajo un papel y leyó:

> *Mi general: un oficial, indigno del nombre de venezolano, se ha apoderado, con el apoyo de los prisioneros que se hallaban allí detenidos, del fuerte de San Felipe. En estos momentos dirige un terrible bombardeo contra la ciudad. Si Vuestra Excelencia no ataca inmediatamente al enemigo por retaguar-*

72

dia, Puerto Cabello estará perdido. Yo defenderé la
plaza hasta entonces por todos los medios posibles,
poniendo mi vida en el empeño.

Simón Bolívar.

Miranda se sentó suavemente sobre un banco. El festín había terminado.
Venezuela acababa de ser herida en el corazón.

CAPÍTULO IX

CAÍDA DE PUERTO CABELLO

En el golfo Triste, abrigado maravillosamente en la costa montañesa, se abre Puerto Cabello, el nombre del cual es debido a que un cabello bastaría para amarrar un navío en sus aguas.

Al pie de las colinas cubiertas de cactos gigantes, se extienden las vastas playas de arena. La ciudad era mucho más bonita que La Guaira, con calles más anchas y casas más confortables. Era como un inmenso jardín público, con encantadores paseos.

Bolívar no se hallaba allí, sin embargo, por su gusto. La plaza era importante, apta para los eventuales desembarcos.

Para un joven oficial activo, que tan sólo se sentía feliz al frente de las tropas de ataque, la guarnición en la ciudad no era divertida. Había, no obstante, necesidad de acomodarse a ello. Miranda no gustaba de la manera de obrar de Bolívar. Después de una revista le había hecho algunas observaciones molestas, porque había presumido al mando de su división. Y es que Miranda confundía el antiguo con el Nuevo Mundo. No se podía poner cascos con penacho a los venezolanos. El mejor estimulante era demostrarles que no se tenía miedo de nada, excitar su entusiasmo, llevarlos al combate como si de una corrida de toros se tratase.

Bolívar se aburría. Había hecho instalar una tarima en el piso y se ejercitaba en el manejo del sable con sus amigos. Pero no era posible parcticar todo el día. Podía también dar vueltas y más vueltas a caballo, pero la mejor distracción era la de organizarse lo más severamente posible.

La ciudadela que dominaba la ciudad impedía toda agresión. Los cañones estaban montados y la munición preparada; cuatrocientos quintales de pólvora, plomo, y trescientos fusiles, todo en perfecto estado de revista.

Todos los prisioneros españoles estaban encerrados en los calabozos, guardados día y noche por Francisco Vinoni y el capitán Carbonell. No había medio de escapar. Bolívar tenía toda la confianza en Carbonell, el cual se había cubierto de gloria en diferentes combates.

Las noticias eran buenas. Aunque Monteverde reconstituía su ejército, tras dos fracasos consecutivos debía pasar tiempo antes de que pudiese reanudar la ofensiva.

Bolívar se alojaba en una amplia habitación de un hotel de la ciudad; no era muy cómoda, pero al menos gozaba de mayor libertad que en una casa particular. Así podía entrar y salir sin preocuparse de la hora y sin molestar a nadie. El mobiliario era simple: una cama, un lavabo y dos sillas. También había una mesa que, aunque coja, apoyada contra la pared aún se mantenía bien.

El 30 de junio, Bolívar salió de la ciudadela un poco antes de lo que solía. Tenía que entrevistarse con un comandante para trazar un plan de unión con las divisiones en campaña. Pasó varias horas discutiendo el proyecto y después salió a dar un paseo antes de acostarse. Bolívar aquella noche casi no concilió el sueño. Ideaba el modo de permutar aquel destino suyo con algún camarada. Muchos hubieran deseado, sin duda, sustituirle.

Hacia las once de la mañana se oyó una espantosa detonación, seguida de otras muchas. Una bala de cañón cayó en un jardín público y una niña resultó gravemente herida.

En la rada no se veía ningún buque. ¿Qué ocurría?

Bolívar miró a la ciudadela. Vio humo y soldados en las troneras. Los cañones disparaban contra la ciudad. Sin duda, el bombardeo procedía del fuerte.

Con unos prismáticos pudo distinguir a Carbonell y a Vinoni que dirigían el fuego; los prisioneros españoles, a los cuales presumiblemente habían liberado, les obedecían.

Se trataba, pues, de una traición.

En Puerto Cabello no había más que un escuadrón de caballería, acantonado en el gran cuartel rojo. No había ningún cañón, y las municiones eran escasas. Por otra parte, los víveres no durarían más que dos o tres días. Imposible, pues, resistir. ¿Qué hacer?

Bolívar hizo cavar una trinchera e inmediatamente construyó un abrigo provisional, ya que el cuartel constituía un blanco demasiado fácil.

Un mensajero partió con una misiva para Miranda, el texto de la cual se ha referido ya en el capítulo anterior.

Había que defender el puerto a toda costa. La ciudadela era inexpugnable; todo ataque contra ella resultaría inútil. Puesto que no había forma de contestar al bombardeo, lo mejor era ponerse a cubierto. Tal vez los traidores se decidirían a salir de la ciudadela, y una vez en el exterior, se podría luchar con alguna ventaja.

Fueron reunidas todas las provisiones. Había menos de lo que creía, por lo que se restringieron las raciones. El agua escaseaba y el calor era tan sofocante, que a las pocas horas de iniciado el bombardeo, ya había disputas por el preciado líquido. ¿Cómo mantenerse en tales condiciones?

Por otro lado, ¿qué sucedía con la misiva enviada a Miranda? Posiblemente, éste recibió la carta demasiado tarde para acudir en socorro de una situación ya desesperada. Lo cierto es que no tomó ninguna medida destinada a salvar a Puerto Cabello.

Se observó de pronto un movimiento de agitación entre los que estaban en la ciudadela. ¿Qué ocurría? Bolívar subió al campanario de la iglesia, desde donde se divisaba una vasta extensión de terreno. En el camino, a algunos kilómetros, marchaba una tropa. El corazón empezó a saltar locamente en el pecho de Bolívar. La bandera española iba desplegada a la cabeza de las tropas. Era inminente un ataque por todos lados. Miles y Jalón, a la orden de Bolívar, salieron con doscientos jinetes para rechazar la vanguardia. Al primer choque, los hombres se pasaron al enemigo. Miles volvió con sólo siete de ellos.

Bolívar comprendió que todo estaba perdido y que la caída de Puerto Cabello era inevitable, pues no podía ser defendido. En aquel momento, lo primordial era evitar caer en manos de Monteverde. Tendría que ampararse en la oscuridad nocturna para huir.

Ya caída la tarde, tras la puesta del Sol, el horizonte adquirió un tono malva, y el firmamento se cubrió de negros nubarrones. Por suerte, la oscuridad se hizo tan densa en pocos momentos, que las palmeras del paseo no podían verse a más de diez metros de distancia.

Bolívar, cinco oficiales y tres soldados se dirigieron hacia un pequeño bosque de mangles que, en una lengua de tierra, escondía una embarcación. Era un modesto barquito de pesca tumbado y semioculto en la arena. Lo pusieron a flote y se le hizo avanzar a fuerza de remos, ya que si izaban vela podía ser vista. Era preciso alejarse a toda prisa, pero sin hacer demasiado ruido.

Puerto Cabello parecía dormido. En la ciudadela brillaban algunas hogueras.

Bolívar, con una brújula en la mano, llevaba el timón; los otros remaban, silenciosamente, pues el chapoteo del agua podía delatarlos.

Tenían que alejarse de la costa sin ser vistos por los buques españoles que pululaban, con toda seguridad, cerca de allí. La distancia que los separaba de La Guaira era de, por los menos, cuatro leguas.

Cuando Bolívar estimó que se hallaban ya a suficiente distancia mandó izar la vela. Soplaba una ligera brisa, por fortuna, pues los remeros estaban ya cansados.

Una lámpara, colocada en el fondo de un sombrero, servía para iluminar el mapa de ruta. Se iba casi a tientas, pues la noche era muy oscura.

Vencido por el sueño, Miles se había tendido en el banco. Bolívar pensaba en el pobre Jalón, abandonado por los suyos, al que los españoles habían hecho prisionero.

Al amanecer, el barquito estaba ya en mar abierto. Llovía, pero nadie se lamentó de esta circunstancia. Había que llegar a La Guaira costase lo que costase; la fatiga era el detalle menos importante de aquella aventura.

En realidad, lo cierto es que Bolívar había recibido una contestación al mensaje enviado a Miranda:

> *Por su informe estoy al corriente de los extraordinarios acontecimientos que han tenido lugar en San Felipe. Estas cosas nos enseñan a conocer a los hombres. Espero impaciente más noticias suyas. Mañana le escribiré con detalle.*

Así pues, Bolívar sabía que Miranda no iba a acudir en su ayuda. Quizá había sido culpa del propio Bolívar el hecho de perder la ciudadela, pues en verdad había cometido una torpeza militar al dejar que los prisioneros del fuerte depositaran en él todas sus armas. Además, podría decirse también que aquella conspiración le había cogido por sorpresa.

Pero la responsabilidad final correspondía a Miranda, porque incluso en aquel momento se hubiera estado a tiempo de efectuar una intentona final. Sin embargo, la cruel realidad era que Bolívar había perdido la plaza. Y asumió toda la responsabilidad de la derrota sin permitir que recayera ésta sobre ninguno de sus oficiales.

Una vez en Caracas, Bolívar escribió a Miranda y le comunicó que se consideraba incapaz de tomar el mando. Y solicitó ser únicamente un suboficial sin ningún tipo de responsabilidad.

Verdaderamente, la pérdida de Puerto Cabello fue importante, pero posiblemente no lo hubiera sido tanto si no hubieran sido los hechos que sucedieron posteriormente los que le concedieran esta relativa importancia. En realidad, a Miranda no le quedaba ya nada por perder y sí mucho por ganar. Pero la decisión para actuar era demasiado pedir a un hombre que ya estaba al límite de sus fuerzas. La contrarrevolución estaba triunfando y la anarquía era cosa corriente. Miranda veía desintegrarse su ejército, pues grupos enteros de hombres desertaban y se pasaban a las filas contrarias.

El liderazgo de Miranda pertenecía al pasado. Caraqueño como Bolívar, nacido en 1750, hijo de un comerciante canario, cursó estudios de filosofía en su ciudad natal y en 1771 se trasladó a España, donde se enroló en el ejército. Luchó con el grado de capitán en la guerra de independencia de los EE.UU. contra los británicos y fue ascendido a teniente coronel. Pasó a Cuba donde fue acusado de contrabando y de traición y se le abrió proceso por lectura de libros prohibidos. Condenado a diez años de destierro en Orán, logró escapar y se refugió en los EE.UU., donde se relacionó con personajes destacados e intentó en vano hallar ayuda para sus proyectos independentistas. Afecto a la masonería, en la que alcanzó un alto grado, recurrió al apoyo de las principales logias europeas, realizando un larguísimo viaje por Europa. Catalina II de Rusia lo protegió y prometió ayudarle. Muchas iniciativas quedaron, sin embargo, congeladas por el frío y

Retrato de Bolívar fechado en 1816 cuando desde Haití planeaba ataques a Venezuela.

calculador Pitt el joven, desde que en 1790 se presentara al *premier* británico y quedara adscrito como un agente al servicio de Inglaterra. Londres y Madrid arreglaron, por el momento, sus diferencias por la vía diplomática y Miranda sólo obtuvo de Pitt cierta ayuda pecuniaria.

En 1792 Miranda se dirigió a Francia. Tomó parte activa en la Revolución y como mariscal de campo participó en la invasión de los Países Bajos, conquistando Amberes. Acusado de traición tras la derrota de Neerwinden, fue encarcelado en 1793, aunque se le absolvió poco después. En 1797 se constituyó en París, bajo su presidencia, una «Junta de Diputados» de numerosos países iberoamericanos para lograr apoyo material para la causa de la emancipación. Volvió a Londres, donde fundó la Logia Americana y mantuvo correspondencia con destacados prerrevolucionarios, pero sólo arrancó de Pitt ayuda económica. De nuevo en los EE.UU., encontró en ellos apoyo indirecto.

En 1806, con escasas fuerzas, intentó un desembarco en Venezuela que fracasó. Miranda pudo huir, refugiarse en la isla de Granada, de allí pasó a Barbados, donde al almirante Cochrane le prestó ayuda. Realizó un nuevo ataque que fue jalonado con otro desastre. Paralelamente, Inglaterra fracasaba también en los intentos de invasión del Río de la Plata (1806 y 1807) y también se fueron al agua nuevos proyectos conjuntos que la tenacidad de Miranda fraguaba una y otra vez.

El estallido de la guerra de Independencia ante la invasión napoleónica obligó a Inglaterra a actuar como circunstancial aliado de España y los planes de Miranda se vieron frustrados por lo que respecta a nueva ayuda británica, pero fue precisamente en Londres donde, como hemos visto, conectó definitivamente con Bolívar, delegado de la Junta de defensa caraqueña.

Sus vastos planes terminaron finalmente por fracasar, pero no se le pudo negar el glorioso epíteto de «Precursor de la Emancipación». Abrió camino en unos años poco favorables para que otros dieran cima a su obra. Su condición de agente al servicio de Inglaterra le perdió. Sólo por haber escrito 63 volúmenes de memorias, escritos de todo tipo, etcétera, sin esconder hechos íntimos que pueden minusvalorar su personalidad. Impresionante fuente que hoy guarda la Real Academia de la Historia venezolana, merece el mayor respeto de todos y que su nombre aparezca grabado en el monumental Arco de Triunfo de París, al lado de los grandes generales franceses de su tiempo.

CAPÍTULO X

MIRANDA Y SUS INFORTUNIOS

En las circunstancias más difíciles, Miranda hacía esfuerzos sobrehumanos.

Los españoles habían encontrado en las minas de Barquisimeto un material de guerra muy importante, que se creía perdido para siempre.

Por otra parte, los negros se habían sublevado, quemando haciendas y asesinando a sus dueños.

Aunque Miranda salvó a las ciudades del pillaje, comprendía que se aproximaba el fin. Entonces reunió en Victoria un consejo para tratar sobre las medidas que debían tomarse. A la reunión asistieron F. Espejo, J. G. Roscio, Casa León, F. A. Paul, Sata y Bussy.

Fue unánime la opinión de que era preciso entablar negociaciones con Monteverde, ya que los españoles a la sazón ocupaban las tres cuartas partes del país y amenazaban Caracas.

Sin embargo, Miranda sabía muy bien que las condiciones que le serían impuestas no podría, en ningún modo, aceptarlas. Sólo le quedaba el recurso de apuntarse un éxito ante el enemigo haciéndole creer que aún le quedaban recursos.

El 11 de julio se decidió a atacar a los españoles.

El 12, Monteverde concertó un armisticio para examinar las proposiciones de Miranda, y éste, el mismo día 12, entregó a un consejo de guerra su explicación de haber solicitado un armisticio con Monteverde. Sata, Bussy y Manuel Aldeo se dirigieron al cuartel general de Valencia, representando al dictador.

Miranda reclamaba la evacuación de algunas ciudades, el reconocimiento de la Constitución venezolana, la libertad de emigrar para quienes lo desearan. Nadie debía ser perseguido por su acción e ideas revolucionarias y amnistía completa para los patriotas.

Monteverde consintió en lo referente a la amnistía, pero exigió la capitulación de todas las plazas fuertes.

Los enviados de Miranda estaban tan impresionados y deseaban tanto captarse la buena disposición del general español, que firmaron, en San Mateo, todo lo que aquél tuvo a bien presentarles. Se comprometieron incluso a conceder a Monteverde la libertad de aplicar, personalmente, las cláusulas de la capitulación.

Todos los que habían exigido del dictador negociaciones de paz, le reprocharon después lo que llamaban una innoble cobardía. Miranda perdió toda influencia entre las gentes. Sus propios soldados ya no le obedecían e incluso le negaban el saludo.

Se le acusaba de traición.

En realidad, la indignación contra Miranda no tenía límites. Al entrar en Caracas, un oficial se lanzó sobre el generalísimo Miranda esgrimiendo un puñal. Miranda evitó el golpe y derribó a su agresor de un certero puñetazo en la mandíbula. Ordenó a su escolta hacer encerrar al oficial agresor y se retiró a sus habitaciones, de las que no salió en todo el día.

Al día siguiente partió para La Guaira para vigilar de cerca la salida de los patriotas. Entonces prohibió la partida de los buques extranjeros. Un capitán inglés acudió inmediatamente para pedirle que levantase la orden, pues su buque, el *Sapphire*, iba cargado de mercancías de gran valor y llevaba, además, una importante suma de dinero. Le ofreció éste para salir con él del país.

Miranda aceptó tomar el dinero bajo su custodia, pero delante de todos se negó a huir en el barco, aunque en realidad sí tenía intenciones de partir.

No obstante, mandó habilitar una pequeña y acogedora habitación en el domicilio del gobernador de la plaza, Casas. Se tendió vestido en un canapé y pidió a su ayudante, Soublette, que le despertase al apuntar el día.

En el comedor de la casa, el gobernador conspiraba contra su bienhechor. Había comprendido que Miranda ya no podía serle útil y ahora trataba de obtener el favor de los españoles.

—El dictador es un traidor a la patria. ¿No ha recibido del capitán del *Sapphire* una importante cantidad, a cambio de que éste pudiera zarpar? El inglés acaba de entrevistarse con él; es evidente que ambos están de acuerdo.

—Miranda —intervino otro— ha mandado llevar su equipaje a la chalupa del *Sapphire*. Lo he visto con mis propios ojos. Seguramente nos abandonará a la madrugada.

En el comedor, mal alumbrado, la conversación adquirió un tono áspero. Bolívar, que acababa de llegar, se sintió turbado y confundido. Las apariencias condenaban al generalísimo. Por otra parte, éste no había acudido en socorro de Puerto Cabello. Mientras Bolívar resistía y se veía obligado a huir amparado en la oscuridad de la noche, Miranda trataba con Monteverde, a pesar de tener su ejército intacto.

De pronto, un oficial, se puso de pie.

—Los españoles vendrán, harán lo que quieran de esta ciudad, nos tratarán como se les antoje; pero antes, Miranda ha de comparecer ante un consejo de guerra para responder de su traición.

Varios hombres se apostaron en la calle para impedir que el dictador escapase por una ventana. Casas, De la Peña, Bolívar y algunos otros oficiales, subieron al primer piso. Ordenaron a Soublette que despertase al generalísimo. Soublette llamó a la puerta. Respondió una voz:

—¿Ya? Vamos, es muy temprano, déjame dormir un par de horas más.

Todos pudieron oír que Miranda, al poco rato, iba y venía por el cuarto. Después abrió la puerta y apareció en el umbral.

—¿Qué ocurre? ¿Han llegado ya los españoles?

—Mi general —le declaró Bolívar—, le pedimos que tenga a bien constituirse en prisionero y darnos explicaciones sobre su conducta.

Miranda tomó una vela encendida y elevándola a la altura de los rostros, fue pronunciando los nombres de los que se habían presentado para detenerle.

—¡Imbéciles! Jamás seréis capaces de hacer nada, sólo ruido.

Se desciñó la espada y la arrojó por el hueco de la escalera.

—Vamos, caballeros.

Fue conducido al fuerte de San Carlos y durante el trayecto sólo habló para pedir un cigarro. Se detuvo un instante para encenderlo y continuó andando.

A las siete de la mañana llegó una orden de Monteverde prohibiendo la salida de cualquier buque, fuese cual fuese su nacionalidad. El tratado suscrito no iba a ser respetado.

El terror reinó en La Guaira. Se fusiló indiscriminadamente, se saqueó, se asesinó, la sangre corría por doquier.

Bolívar pudo ocultarse milagrosamente en la casa de un indio, en la que permaneció varios días sin dejarse ver.

Miranda fue trasladado por los españoles a los calabozos de Puerto Cabello y posteriormente enviado a la prisión de Cádiz, en España, donde murió en 1816.

Poco antes de morir pronunció estas palabras a un compañero de cautiverio:

—Amigo mío, los hierros de los españoles me parecen menos pesados que los que he tenido que soportar en mi propia patria.

Diariamente se redactaban listas de sospechosos. Los verdugos de oficio no eran suficientes. Se cometían tales atrocidades, que muchos españoles del séquito de Monteverde sentían náuseas. Pero se castigaba a los rebeldes y era preciso hacer pasar para siempre al pueblo los deseos de revolución.

Bolívar pudo finalmente refugiarse en Caracas, en la casa del marqués de Casa León. Allí encontró a un oficial español llamado Francisco Iturbe, al que había tratado mucho en Madrid y que tenía cierta influencia sobre el general en jefe. Iturbe ofreció a Bolívar un pasaporte. El papel de Bolívar en la detención de Miranda podía servir de pretexto y Monteverde se sentiría satisfecho de poder hacer saber públicamente que el hidalgo criollo más popular de Venezuela había colaborado en la pacificación del país. Bolívar se negó rotundamente a aceptar; si había detenido a Miranda, era sólo porque le había creído traidor a su patria y vendido al rey de España.

Iturbe le dejó hablar, le trató de mal súbdito y le proporcionó un salvoconducto para Curaçao.

Bolívar embarcó con José Félix Ribas en una goleta española que debía hacer escala en aquella isla. Estaba avergonzado por lo acontecido a Miranda, pero no renunciaba a sus ideas. Pensaba para sí que aquello le procuraba, tal vez, un medio para conseguir mejores resultados.

Al llegar a Curaçao, como sea que los papeles de la goleta no estaban en regla, las autoridades locales se apoderaron de todo lo que contenía el buque, incluido el equipaje del propio Simón Bolívar.

A pesar de entablar un pleito a fin de recuperar sus pertenencias, al fin desistió, aburrido, ya que los asuntos judiciales eran de extrema lentitud. Bolívar, mientras tanto, se vio obligado a vivir a costa de algunos otros refugiados venezolanos más previsores que él.

La antigua posesión holandesa, que hacía poco había pasado a ser inglesa, estaba muy poco poblada.

Bolívar, cuyas andanzas eran bien conocidas, fue bien recibido, aunque sus pertenencias no le fueron devueltas. Todos los días paseaba por los campos de caña de azúcar, bajo los naranjos y palmeras semejantes a las de su país. A veces, para mitigar el hambre, comía de los frutos que cogía al pasar, guayabos, aguacates, naranjas, chirimoyas, mangos, canelas. Ribas le acompañaba, tan desposeído como él. Esta circunstancia animaba sus conversaciones, así como el furor de hallarse allí, tan impotentes en medio de aquellas flores, mientras Venezuela se veía sojuzgada por el enemigo.

Bolívar le escribió a Iturbe para agradecerle cuanto había hecho por él, al mismo tiempo que para pedirle noticias sobre la situación. Iturbe le contestó anunciándole que todas las propiedades suyas y las de su familia habían sido confiscadas. Era la ruina total.

Cada día, los patriotas venezolanos, que se sentían extranjeros en aquella isla, se reunían en casa de un tabernero para cambiar impresiones.

Los españoles se habían apoderado de toda Venezuela pero, afortunadamente, las montañas les impedían el acceso a Nueva Granada, donde las querellas internas parecían aplacadas y la bandera de la independencia continuaba ondeando al viento. Sin duda, no obstante, Monteverde iba a organizar una expedición contra aquellos liberales, con lo que no tardaría en estallar una nueva contienda.

Bolívar pronto se decidió. Vendió sus últimas alhajas, incluso la medalla que llevaba cuando posaba en el estudio de Gill, en Londres, y se embarcó en un *brick* inglés, que se hacía a la vela para Cartagena de Indias.

Durante este período fatal, la amargura había logrado abatir al propio Bolívar. Aquellos sueños de libertad que parecía que iban a realizarse se desmoronan súbitamente. Durante toda su vida, le perseguirá el recuerdo de la inexplicable conducta del Precursor. ¿Tenía que sentirse derrotado ya, en una guerra en la que apenas había tomado parte? Fue entonces cuando cayó en la cuenta de que la libertad es un bien mucho

La batalla de Boyacá (agosto de 1819), abrió a Bolívar el paso hacia Bogotá.

más costoso de conseguir de lo que un primer entusiasmo puede hacer suponer. No se puede ir a remolque de las circunstancias, sino que en sus líneas generales al menos, se ha de estructurar un plan para presentar la batalla, tanto en el frente de guerra como en la retaguardia, aquí sí recuerda las enseñanzas de su tan admirado y tan odiado Napoleón. Los hombres han de estar plenamente convencidos de la razón de su lucha. Sin el pleno apoyo del pueblo, nadie, por grande que sea, conseguirá el triunfo total. La turbación de los espíritus solamente sirve para que aparezcan como traidores los más fieles servidores de la causa de la libertad. Como una premonición, el mismo año en que comenzaría a declinar la estrella del Gran Corso y a pesar de que las apariencias no eran precisamente las más favorables, se iniciaría sin palidecer ya la de Bolívar.

Y no podía ser de otra manera, la bandera tricolor de la Gran Colombia que en 1806 se había izado en Venezuela, amarilla, azul y roja, gracias a Bolívar, que con mayor fuerza había recogido la antorcha del Precursor, terminaría por serlo de las futuras naciones de Venezuela, Colombia y Ecuador. Una vez más, la suerte estaba echada.

CAPÍTULO XI

BOLÍVAR, EN CARTAGENA DE INDIAS

A su llegada a Cartagena de Indias, puerto de la Nueva Granada, Bolívar se presentó inmediatamente al presidente Torices. La fama de su bravura había traspasado la frontera. Fue autorizado para servir con su grado de coronel. Fue recomendado al general Labatut, quien inmediatamente le encargó ir a ocupar el puesto avanzado de Barranca, en el río Magdalena.

Bolívar se despidió de sus compañeros entregándoles el texto de una declaración que había escrito durante la travesía y les rogó la hiciesen imprimir y repartiesen por todas partes. Prometieron hacerlo y Bolívar remontó el Magdalena en una balsa.

Dos semanas después de su partida, el 15 de diciembre, aparecía la proclama bajo el título:

*MANIFIESTO DEL CORONEL VENEZOLANO
SIMÓN BOLÍVAR A LOS HABITANTES
DE NUEVA GRANADA*

El manifiesto era muy largo, y en él se podían leer los siguientes consejos y proclamas:

Si Venezuela ha sucumbido, la principal culpa la han tenido sus directores, que han buscado su inspiración en libros escritos por utopistas. Se han basado sobre la perfección del género humano para descubrir una perfección política. *Hemos sido dirigidos por filósofos, las leyes han sido hechas por filántropos, la táctica propuesta por dialécticos, el ejército mandado por sofistas...*

Nuestra organización militar era realmente lamentable. No se quería oír hablar de tropas regulares. No teníamos más que milicias ignorantes e indisciplinadas, que costaban más caras que verdaderos mercenarios. El tesoro nacional se ha agotado en gastos inútiles y vergonzosos. Una multitud de funcionarios, sin empleo definido, han arruinado el país y nos hemos visto obligados a establecer el deplorable sistema de los asignados.

El establecimiento del gobierno federal, el más contrario a nuestros intereses, acabó de arruinarnos. El terremoto del 26 de marzo trastornó, sin duda, física y moralmente la comarca, mas en aquella ocasión apareció claramente la falta de energía de la Junta, su impotencia para reaccionar, incapaz de organizar socorros y remediar las calamidades. Un clero sacrílego y vendido a los españoles se aprovechó impunemente de su influencia sobre el pueblo.

Que nuestra experiencia sirva de ejemplo a todos los pueblos del Nuevo Mundo que aspiran a la emancipación.

Nuestras instituciones deben acomodarse a la naturaleza de los acontecimientos, a las circunstancias de los seres humanos. Si los acontecimientos son pacíficos, las circunstancias se muestran serenas, mas si son vivas y apasionadas, el gobierno ha de ser autoritario y de una firme intransigencia, sin dejarse intimidar por leyes y constituciones.

La educación y la práctica militar son indispensables.

Los generales no se improvisan.

Cuando la nación haya pasado por pruebas y haya hecho el aprendizaje de las virtudes republicanas se le darán instituciones dignas de ella. En espera de esto, las doctrinas políticas no se hallan en armonía con nuestra mentalidad...

Nueva Granada ha visto los arrecifes contra los cuales se ha estrellado Venezuela. No hay más que un medio de evitarlos: reconquistar Caracas.

Este proyecto parecerá, de pronto, una locura costosa e irrealizable, pero si se la examina detalladamente se comprenderá que no es una quimera.

La caída de Venezuela es debida al desprecio y a la indiferencia en que se ha tenido siempre a la provincia de Coro, foco de infección realista y de la que se ha aplazado, demasiado tiempo, la destrucción. Los recursos que Coro puede proporcionar a los españoles son mínimos si se les compara con los que proporciona ahora Caracas y que no harán más que ir en aumento. No hay que esperar. La provincia de Caracas es un peligro que amenaza la Nueva Granada y que podría serle fatal.

Es preciso que los campos granadinos sean pacificados inmediatamente con el rigor necesario. Cumplida esta primera tarea arrojaremos al enemigo de toda tierra firme. Cartagena será la piedra angular de la patria. Nueva Granada debe perseguir a los invasores y arrojarlos de sus últimas trincheras. Venezuela, cuna de la independencia colombiana, espera su liberación.

No permanezcáis sordos a las súplicas de los oprimidos, vengad a los muertos, reanimad a los agonizantes. ¡De vosotros depende que el Nuevo Mundo alcance la libertad!

En realidad, el Manifiesto de Cartagena fue el primero de una serie de proclamas de Bolívar de largo alcance que prueban su pensamiento político y su impetuosa retórica. Y con él comienza también su carrera como líder espiritual, además de militar.

Los ejemplares del Manifiesto se fijaron en todos los muros y fueron repartidos por todas las casas.

El general Labatut había dado orden a Bolívar de dirigirse a Barranca y esperar allí instrucciones. Los españoles ocupaban una parte del país y Barranca era una aldea, en la ribera del Magdalena, cuya importancia estratégica era considerable.

Al llegar, Bolívar se dispuso a pasar revista a la guarnición. Había un total de doscientos cincuenta hombres bien armados. Luego envió un correo al presidente Torices para suplicarle que le dejase alguna iniciativa. Bolívar afirmaba que podía rechazar al enemigo y establecer una línea más sólida.

Torices accedió, impresionado por tanta firmeza y decisión.

Bolívar tomó doscientos hombres, ordenó construir dos amplias balsas cubiertas e hizo subir en ellas a sus soldados, con provisiones y abundante pólvora. La expedición se puso en marcha. Debido a la fuerte corriente, las balsas tenían que ser empujadas por pértigas; la navegación resultaba muy simple pues el agua era bastante profunda y no había rápidos ni bancos de arena.

Bolívar iba a la cabeza de la flotilla. Dio la orden expresa de no disparar contra los caimanes, que dormían tranquilos en las riberas. Sólo se oían las órdenes que se transmitían de una a otra embarcación.

Al llegar frente a Tenerife, Bolívar ordenó amarrar las balsas y envió a uno de sus oficiales a conminar al comandante español a que se rindiera. A continuación, sin aguardar el regreso de su oficial, se puso en marcha.

Durante el trayecto recogieron al oficial que regresaba con una negativa, por lo que inmediatamente se adoptó la posición de combate. Delante iban los hombres armados, mientras que a retaguardia otros hombres empuñaban los bicheros con energía.

Los españoles vieron surgir, de pronto, la extraña escuadrilla que avanzaba a gran velocidad al tiempo que abría fuego. Como el lecho del río era muy estrecho en aquel punto y formaba un recodo, los españoles creyeron que iban a entendérselas con una tropa numerosa y huyeron a toda prisa. Bolívar no perdió ni un solo hombre. Se apoderó de un arsenal bien abastecido y muchas provisiones. Tras descansar unas horas, continuó la ofensiva.

Se dirigió entonces a Mompox, ciudad situada en un meandro del Magdalena. Los españoles fueron expulsados y la población aclamó a los vencedores. Trescientos reclutas se ofrecieron a tomar las armas.

Allí Bolívar reforzó su flota, que a la sazón se componía de veinte barcazas, algunas de las cuales llevaban montadas pequeñas piezas de artillería.

Continuó, pues, su avance, en persecución del comandante Capdevila, que se batía en retirada hacia Chiriguana. Pronto éste fue alcanzado y derrotado por Bolívar, que aquella misma noche aniquiló otro destacamento enemigo en Tamalameque. Se apoderó después de Puerto Real e hizo su entrada en Ocaña, la ciudad más rica de la región, que le recibió como salvador.

En quince días, y sólo con poco más de doscientos hombres, Bolívar había batido a tres mil españoles y liberado un vasto y rico territorio. Sus pérdidas eran insignificantes. Las gentes se declaraban a favor de Cartagena. La amenaza enemiga estaba alejada; las comunicaciones entre el alto y el bajo Magdalena quedaban restablecidas.

Durante el transcurso de estos acontecimientos, Labatut había tomado Santa Marta y los corsarios franceses habían echado a pique una flota española que portaba municiones.

Debido a unas fiebres, Bolívar se vio obligado a guardar cama. Estaba agotado, pues no se había tomado ni un respiro en su reciente campaña.

CAPÍTULO XII

LA CAMPAÑA DE VENEZUELA

Cerca de la tienda de Bolívar, un soldado murió a causa de la picadura de una araña azul. En torno del campamento se encendían hogueras para alejar a los jaguares que merodeaban durante la noche.

Aquella guerra no era como Miranda la había soñado. Bolívar era el jefe de una pandilla, que sacaba soldados de cualquier parte, armándolos con fusiles cogidos al enemigo. Tan pronto le era señalada la presencia de españoles, iba a su encuentro, empleando toda clase de astucias, espiándolos, llevando a cabo maniobras no ortodoxas. Era una lucha de emboscadas, de golpes de mano; no se hacían prisioneros más que para obligarles a hablar. Los que dudaban, los que tenían miedo, eran ejecutados inmediatamente. Se dormía en el suelo sin temor a las serpientes ni a las arañas cangrejo. A veces, en plena noche, se abandonaba el campamento, galopando en la oscuridad para caer sobre enemigos aún dormidos; se mataba sin piedad. Los combates se sucedían en número de tres o cuatro por día. Guerra de valientes, las tropas al mando de Bolívar realizaban verdaderos actos de heroísmo.

Jóvenes de la nobleza acudían a alistarse con Bolívar; toda la juventud, educada en el refinamiento, se acomodaba con alegría a la vida de guerrilla.

Las batallas llegaban, muy a menudo, al cuerpo a cuerpo: los puños, los pies, la estrangulación, el cuchillo. Las privaciones, las fatigas, no bastaban para contener aquel empuje.

Bolívar siempre se hallaba en cabeza, silbando las balas en torno a él. Incluso una vez su caballo cayó abatido por una bala. Con la pistola en una mano y el sable en la otra, nada le intimidaba. Los hombres le seguían a todas partes, pues les infundía su valor y su furia. Todos confiaban en él.

Una vez restablecido, Bolívar decidió reemprender inmediatamente la campaña. Los españoles habían reunido numerosas tropas en Barina y en Rosario de Cúcuta, cerca de la frontera, siendo una amenaza incesante de invasión, mientras que el coronel granadino Castillo no poseía más que trescientos hombres para contenerles, aunque se sintió algo más tranquilo al conocer los éxitos de Bolívar.

Éste escribió al presidente Torices pidiéndole autorización para unir sus soldados a los de la provincia, a lo que Torices consintió, deseándole suerte en su proyecto.

Pronto quinientos hombres, concienzudamente preparados y bien equipados, estuvieron dispuestos a cruzar la cordillera de los Andes por un punto considerado infranqueable. Hacía frío y los soldados de Bolívar eran oriundos de contornos más cálidos, por lo que se distribuyeron ropas de abrigo. Una vez los cañones colocados sobre los mulos, la tropa inició la marcha.

Primero había que recorrer una llanura desierta, sin una cabaña ni un habitante. Hubo que atravesar ríos peligrosos capaces de desbordarse a cualquier instante. Algunas veces, al despertar, se encontraban en medio de un lago, sin puentes, por lo que era preciso buscar vados.

A menudo tenían que volver atrás, rodear profundos barrancos. Bolívar no se arredraba por estas dificultades. Había decidido pasar y pasaría.

Por fin llegaron a las primeras vertientes de la cordillera y la vegetación se hizo más alegre, más rica.

Desde la cúspide de las montañas, a más de tres mil metros de altitud, el paisaje era maravilloso, divisándose toda la

Aspecto del Libertador en su época de máxima gloria (1819).

cordillera dominando los angostos valles por donde serpenteaban tumultuosos ríos.

Pero también el camino se hacía cada vez más peligroso. Se trataba sólo de veredas escarpadas por las cuales dos mulas una al lado de otra no podían pasar. Las piedras, rodando bajo los cascos, hacían temer a cada instante un resbalón hacia el fondo de los barrancos.

La cordillera parecía interminable. Algunos hombres, desorientados, perdían el contacto con el grueso de la tropa, vagando por aquellos parajes irremisiblemente.

Las tempestades eran de una violencia inusitada y las lluvias torrenciales caían durante largas horas. Los hombres, con sus sombreros rotos, con mantas demasiado cortas, se veían obligados a refugiarse entre las rocas, llenas de insectos desconocidos y malignos. Sin embargo, en esta dura prueba no se oían palabras de desaliento.

Finalmente, al llegar a la otra vertiente, el descenso fue rápido. Pronto el ejército se sintió feliz de volver a encontrar flores, hierba fresca, pájaros cantores, haciéndoles olvidar el peligro.

En pleno invierno, con quinientos soldados, Bolívar había franqueado una región que los montañeses más avezados no se atrevían a abordar.

Una vez en el llano, se hizo un último alto para reorganizarse, reanudando la marcha por inmensas praderas cruzadas de numerosos arroyuelos y tachonadas de frondosos bosques.

Los españoles no esperaban aquella sorpresa. Algunos campesinos, asustados por el paso de aquella imprevista tropa, avisaron erróneamente de la llegada de un ejército, sin duda muy considerable, procedente del Sur.

Bolívar lo atropelló todo a su paso. Se unió a Castillo, que venía por el Norte y con las fuerzas conjuntas se aplastó al enemigo en Correa.

La noticia de esta victoria tuvo un efecto excelente sobre el Gobierno, que empezaba a temer las expediciones insensatas del coronel venezolano.

Se consiguió un inmensó botín; gran cantidad de mercancías fue enviado a Cartagena.

Entonces Bolívar se vio detenido en sus victorias por la envidia de los jefes granadinos. Labatut, furioso por no haber sido obedecido, y Castillo, celoso, se quejaron al Gobierno de Cartagena.

Castillo elaboró un informe muy desfavorable sobre el estado de las tropas de Bolívar, pretendiendo que era una insensatez atacar Venezuela en aquellas condiciones. Era —declaraba— llevar a la muerte inútil a los heroicos soldados y ciudadanos de Nueva Granada. Sin embargo, en Cartagena, Camilo Torres defendió a Bolívar y obtuvo para él el grado de brigadier general y de gobernador militar de Pamplona.

Bolívar, esperando hacer agachar la cabeza a Castillo, le encargó la persecución de un destacamento español. Castillo, sin embargo, cumplió la misión con gran éxito y volvió con más pretensiones que antes.

Mientras tanto, Labatut sufrió un fracaso en Santa Marta, en el Norte, por lo que tuvo que abandonar Nueva Granada, desterrado por la Asamblea.

Castilla volvió a Cartagena, dotado con las mejores unidades.

Bolívar reunió entonces a sus hombres y les dirigió la siguiente arenga:

«¡Soldados! Vuestras armas liberadoras han llegado hasta las puertas de Venezuela. En menos de dos meses habéis terminado dos campañas y comenzáis una tercera que debe terminar en mi país. Fieles republicanos, vais a liberar la cuna de la libertad, como los cruzados, en otro tiempo, liberaron la cuna del cristianismo.

»Como las tinieblas se disipan a los rayos del Sol, los españoles desaparecerán al ruido de vuestras armas.

»¡Valientes soldados! La salvación de América está en vuestras manos. ¡Colmad vuestra soberbia gloria mereciendo el nombre de salvadores de Venezuela!»

Trujillo había sido cuidadosamente organizada por los españoles, que la habían convertido en una plaza fuerte de primer orden.

Bolívar envió un informe al presidente de la Unión, declarando: *En Trujillo esperaré la contestación de vuestra excelencia*. Disponía de un total de quinientos hombres, ciento cuarenta mil cartuchos, cuatro cañones y cinco obuses.

El 13 de mayo de 1813 salió de la aldea de San Cristóbal. Los habitantes del país iban engrosando la tropa. Después de una marcha, en medio de un entusiasmo indescriptible, Bolívar entró en Trujillo el 15 de junio.

Por todas partes donde pasaba invitaba al pueblo a la lucha contra el yugo realista y los voluntarios afluían en masa.

Dejó cuatrocientos hombres a José Félix Ribas y se precipitó sobre el enemigo, al que cogió por sorpresa por el flanco, poniéndolo en fuga. Posteriormente se unió a Ribas, que también había logrado algunos éxitos. Ambas tropas, embriagadas por la victoria, unieron sus esfuerzos.

Entretanto, una flota republicana, mandada por un aventurero italiano, llamado Bianchi, se hallaba ante Cumaná con transportes, conteniendo al ejército de Mariño. Los españoles estaban rodeados y temían un desembarco de un momento a otro.

Por su parte, Piar había alcanzado una gran victoria contra Monteverde.

Se trataba de ver quién entraba primero en Caracas.

Bolívar avanzaba como un relámpago, sin que nada le detuviese, y los españoles se retiraban cuando él iba acercándose, a veces sin ni siquiera combatir, sabiendo de su furia en las batallas. Bolívar quería tener el honor de liberar la capital por sí mismo.

Como el comandante español Izquierdo poseía buena artillería, él fue el encargado de cerrarle el paso, por lo que tomó posiciones en la llanura de Taguanes.

Bolívar cargó al galope con sus lanceros, siguiéndole la infantería a marchas forzadas. Los españoles estaban prestos en columnas cerradas, protegidos por sus cañones.

Los republicanos intentaron más de veinte veces el ataque, pero las balas enemigas causaban terribles estragos en sus filas. Hubo un ligero movimiento de retroceso.

Bolívar, junto a sus dos tenientes, Ribas y Girardot, se precipitó a la cabeza de sus hombres y rechazaron finalmente al enemigo, que se retiró a una colina cubierta de bosque alto.

Si los españoles conseguían escalar aquella altura, se salvarían, pues al abrigo de los árboles podrían disparar con suma tranquilidad.

Bolívar ordenó entonces que cada jinete montase a un soldado de infantería a la grupa de su caballo y mandó a sus hombres cortar la retirada de Izquierdo.

Mientras galopaban, los infantes disparaban sus fusiles contra el enemigo que, cogido entre dos fuegos, fue rápidamente destruido. Izquierdo pereció en el combate. En el furor de la lucha se remataba a los heridos a lanzazos. Por fin, ya de noche, se dieron cuenta de que la lucha había terminado. En el campo de batalla de Taguanes, no quedaba ni un español vivo.

Monteverde, asustado por esta noticia, fue a refugiarse a Puerto Cabello.

Entonces, el gobernador de Caracas acudió para proponer una capitulación. Le acompañaban el marqués de Casa León e Iturbe, a los cuales Bolívar les debía mucho.

Ante tal embajada, Bolívar se mostró muy agradecido. Se comprometió a respetar los bienes de los españoles, les invitó a abandonar Venezuela, dándoles un mes de tiempo para que pudiesen llevarse sus pertenencias. Autorizó también a las guarniciones que conservasen sus armas y banderas, queriendo contestar con magnanimidad al modo poco digno cómo ellos habían violado el tratado con Miranda.

Pero Monteverde debía ratificar esta capitulación. Encerrado en Puerto Cabello se negó a sostener relación alguna con los que él llamaba traidores y rebeldes. Se le suplicó que salvase con su firma la vida de numerosos hombres, pero no quiso ceder.

Mientras tanto, en La Guaira los fugitivos eran tantos, que muchas embarcaciones zozobraron por exceso de tonelaje.

Los que no consiguieron salir del puerto fueron hechos prisioneros, conservando como rehenes a un millar de ellos.

El 6 de agosto Bolívar entró en Caracas.

La emoción del libertador fue tal que no pudo contener las lágrimas.

De las ventanas colgaban guirnaldas y colgaduras con los colores republicanos. Las gentes vitoreaban su nombre y le llamaban Libertador.

Vestido con su uniforme de gala, Bolívar marchaba al frente de sus tropas, seguido de todo su Estado Mayor. Llevaba en la mano un bastón adornado de estrellas de oro, insignia del mando supremo.

Se lanzaron las campanas al vuelo, y se dispararon salvas sin interrupción.

Bolívar fue obligado a subir a un carro cubierto de laurel y tirado por doce encantadoras jovencitas, coronadas de flores.

El entusiasmo se multiplicó cuando fueron presentadas las banderas tomadas al enemigo.

CAPÍTULO XIII

LA GUERRA A MUERTE

Bolívar condecoró a sus hombres más valientes con la «Orden de los Libertadores».

Después pronunció un discurso en la Asamblea para rechazar la dictadura que se le ofrecía. Si había ayudado a la victoria —declaró—, no había sido sólo él quien había contribuido a lograrla, y señaló a los gloriosos heridos de su escolta. Haría respetar las leyes, pero no era él quien debía hacerlas. Eran los representantes del pueblo los encargados de aquella misión.

Pero Bolívar fue suplicado con tanta insistencia que acabó por aceptar. Cedió sólo para poder terminar su obra por la causa de la independencia; lograda ésta y la paz restablecida, abandonaría la dictadura.

La paz no sólo dependía de las victorias alcanzadas sobre el enemigo; los más graves disturbios son, a menudo, consecuencias de estos éxitos.

Mariño, con la flota de Bianchi y las tropas de Piar, había conseguido apoderarse de Cumaná. Había hecho asesinar a centenares de prisioneros porque no disponía de sitio para albergarlos y custodiarlos. Luego, tras echar a pique cinco navíos españoles, se había nombrado jefe supremo y dictador de Venezuela oriental. No quiso obedecer a Bolívar.

Antonio Nicolás Briceño, diputado de Caracas, estaba desconcertado a causa de las crueldades que los enemigos habían realizado con su familia. Reunió una banda de fanáticos y, casi sin armas, exterminó todo lo que creía efecto de los españoles. Posteriormente cayó en una emboscada y fue ejecutado. La muerte de este fanático constituyó un alivio para todos pero, desgraciadamente, costó la vida de muchos y excelentes soldados.

A pesar de su título de dictador, Bolívar no era el dueño de la situación. Las tropas republicanas eran, en su mayor parte, cuerpos dirigidos por *condottieris* ambiciosos y sin escrúpulos, que combatían en interés propio más que por el de su país.

El vencedor se creía un rey y se negaba a reconocer la autoridad del general en jefe. Las victorias más completas se vieron casi siempre comprometidas por las discrepancias personales.

Era preciso obrar con política, halagar a los ambiciosos; prometer mucho para obtener una ayuda mediocre. Nadie era suficientemente fuerte como para poder mandar a los demás.

Pero lo más complicado de esta guerra era hacer comprender a las poblaciones que formaban todas parte de una misma patria, que se luchaba por un mismo ideal, que era necesario entregarse en cuerpo y alma a la causa de la libertad.

Bolívar multiplicaba las proclamas, hablaba diariamente a sus soldados, pero la suerte de las armas cambia a menudo, y con ella las convicciones que se creían más sólidas. Las deserciones se multiplicaban al primer fracaso y un pequeño desfallecimiento degeneraba en un desastre.

Gracias a un empréstito forzoso que tuvieron que cubrir los comerciantes españoles en Caracas (unas cien mil piastras), Bolívar pudo organizar su ejército con holgura. Desde hacía tiempo soñaba en un uniforme que él mismo había diseñado y, por fin, con esos uniformes, las tropas se pusieron en camino el 20 de agosto.

Bolívar se proponía desalojar a Monteverde de Puerto Cabello. Esta plaza tenía para él muchos recuerdos dolorosos para que pudiese olvidarla. A mitad de camino se vio, no obstante, obligado a destacar dos columnas para sofocar algunas insurrecciones provocadas por el padre Torrelas en las aldeas indias. Tuvo que reanudar su avance con su ejército ostensiblemente disminuido.

Ante aquel estado de cosas, Bolívar proclamó la «guerra a muerte», en los siguientes términos:

Proclama de la guerra a muerte:

¡Venezolanos!

Un ejército de hermanos enviados por el soberano Congreso de la Nueva Granada ha venido a libertaros, y ya lo tenéis en medio de vosotros, después de haber expulsado a los opresores de las provincias de Mérida y Trujillo.

Nosotros somos enviados a destruir a los españoles, a proteger a los americanos y restablecer los gobiernos republicanos que formaban la Confederación de Venezuela.

Los Estados que cubren nuestras armas están regidos nuevamente por sus antiguas constituciones y magistrados, gozando plenamente de su libertad e independencia, porque nuestra misión sólo se dirige a romper las cadenas de la servidumbre que agobian todavía a algunos de nuestros pueblos, sin pretender dar leyes ni ejercer acto de dominio a que el derecho de la guerra podría autorizarnos.

Tocados de vuestros infortunios, no hemos podido ver con indiferencia las aflicciones que os hacían experimentar los bárbaros españoles que os han aniquilado con la rapiña y os han destruido con la muerte; que han violado los derechos sagrados y las capitulaciones más solemnes y, en fin, han cometido todos los crímenes, reduciendo la República de Venezuela a la desolación.

Así, pues, la justicia exige la vindicta, y la necesidad nos obliga a tomarla. Que desaparezcan para siempre del suelo colombiano los monstruos que lo infestan y han cubierto de sangre; que su escarmiento sea igual a la enormidad de su perfidia, para lavar de este modo la mancha de nuestra ignominia y mostrar a las naciones del Universo que no se ofende impunemente a los hijos de la América.

A pesar de nuestros justos resentimientos contra los inicuos españoles, nuestro magnánimo corazón se digna aún a abrirles, por última vez, una vía a la conciliación y a la amistad.

Todavía se les invita a vivir entre nosotros pacíficamente, si detestando sus crímenes, y convirtiéndose de buena fe, cooperan con nosotros a la destrucción del gobierno intruso de la España y al restablecimiento de la República de Venezuela.

Todo español que no conspire contra la tiranía en favor de la justa causa, por los medios más activos y eficaces, será tenido por enemigo y castigado como traidor a la patria, y por consecuencia, será irremisiblemente pasado por las armas. Por el contrario, se concede un indulto general y absoluto a los que pasen a nuestro ejército con sus armas o sin ellas; a los que presten sus auxilios a los buenos ciudadanos que se están esforzando por sacudir el yugo de la tiranía. Se conservarán en sus empleos y destinos a los oficiales de guerra y magistrados civiles que proclamen el Gobierno de Venezuela y se unan a nosotros; en una palabra, los españoles que hagan señalados servicios al Estado, serán reputados y tratados como americanos.

Y vosotros, americanos, que el error o la perfidia os ha extraviado de la senda de la justicia, sabed:

que vuestros hermanos os perdonan y lamentan sin-
ceramente vuestros descarríos, en la íntima persua-
sión de que vosotros no podéis ser culpables, y que
sólo la ceguedad e ignorancia en que os han tenido
hasta el presente los autores de vuestros crímenes,
han podido induciros a ellos.

No temáis la espada que viene a vengaros, y a cor-
tar los lazos ignominiosos con que os ligan a su suerte
vuestros verdugos. Contad con una inmunidad abso-
luta en vuestro honor, vida y propiedades: el solo título
de americanos será vuestra garantía y salvaguardia.
Nuestras armas han venido a protegeros, y no se
emplearían jamás contra uno solo de nuestros her-
manos.

Esta amnistía se extiende hasta a los mismos trai-
dores que más recientemente hayan cometido actos
de felonía, y será tan religiosamente cumplida, que
ninguna razón, causa o pretexto será suficiente para
obligarnos a quebrantar nuestra oferta, por grandes
y extraordinarios que sean los motivos que déis para
excitar nuestra animadversión.

Españoles y canarios, contad con la muerte, aun
siendo indiferentes, si no obráis activamente en obse-
quio de la libertad de América. Americanos, contad
con la vida, aun cuando seáis culpables.

Mucho se ha discutido, tanto por los admiradores de Simón Bolívar, como por sus detractores, entre los cuales forzoso es mencionar a Bartolomé Mitre*, la oportunidad de la proclama

---

* Bartolomé Mitre (1821-1906). General y político argentino, enemigo del dictador Rosas. Gobernó en Buenos Aires hasta su victoria sobre la Confederación. Fue presidente de la República Argentina en 1861-1868. Fundador del diario *La Nación*, desde donde atacó a Bolívar y a San Martín.

de la guerra a muerte. Sin embargo, quienes discuten tal oportunidad, no tienen en cuenta la situación en que se hallaban, no solamente el país, sino el propio Bolívar, vencedor ya en muchas batallas, genio indiscutible de la incipiente independencia sudamericana, y en cambio, abandonado ya por algunos de sus colaboradores, traicionado por otros, envidiosos todos de sus dotes militares y políticas... y, ¿por qué no?, seguramente también de sus conquistas amorosas, que no eran pocas.

Fue el propio Bolívar quien, más adelante, demostró estar arrepentido de haber tenido que recurrir al extremo de lanzar tal proclama, pero ello fue ya en sus últimos años de debilidad, porque lo cierto es que la guerra contra el ejército realista, la guerra misma contra sus conciudadanos, faltos de valor y llenos de inercia, apegados a las tradiciones, solamente podía ganarse mediante actos de crueldad correspondientes a los que ejecutaba el bando contrario.

Porque si en el bando de Bolívar comienzan a destacar jefes como Diego Mariño, en contrapartida, también surgen guerrilleros realistas cuya fama corre parejas con su crueldad. El más temido de estos jefes es José Tomás Bobes, de origen asturiano. De familia pobre y huérfano de padre también, obtuvo el título de piloto de marina, pero por causas no muy claras abandonó su primera profesión y se estableció en los Llanos de Venezuela, dedicado al trato de caballerías, haciéndose muy popular entre los llaneros, cuyos hábitos y destreza de jinetes asimiló.

Por haber sufrido en 1812 malos tratos por parte de los patriotas venezolanos, les cobró un profundo odio y decidió combatirlos sin cuartel, por su cuenta, prescindiendo de las autoridades españolas y su ejército, al que despreciaba como inferior a sus huestes. Consiguió aglutinar un crecido número de partidarios, que se batirían a su lado y bajo su mando, tanto por la causa españolista como por un ideal de justicia social, fomentado también por Bobes, quien compartía el odio de

Batalla de Carabobo (1821), en la que fue aniquilado el ejército realista.

las masas llaneras de color, incultas y pobres, por los criollos cultos blancos y de las clases superiores, que habían iniciado la emancipación. En un curioso racismo de color, pensó en exterminar a la población criolla, para dejar sólo en Venezuela a los hombres de color, como los más leales al rey.

Bajo, regordete y forzudo, tenía unos ojos grises, pequeños y fríos, nariz aguileña, cabello rojizo, poseía una fuerza física insospechable y un desprecio absoluto por la muerte, las cualidades que más admiraban sus llaneros, que le siguieron ciegamente. Moriría en 1814 en Urica pero, antes, haría huir en combate al propio Bolívar. Cuando cayó en el campo de batalla, se dijo con razón que ya nadie contestaría la independencia de Venezuela.

Los propios patriotas aprendieron la táctica de Bobes: grandes masas de caballería, envolvimiento a distancia, flexibilidad y velocidad así como una fe ciega en su caudillo, único a quien reconocían:

> *Sobre la yerba, la palma;*
> *sobre la palma, los cielos;*
> *sobre mi caballo, yo*
> *y sobre yo, mi sombrero.*

Por eso cuando desapareció, aunque su lugarteniente Morales intentó continuar su memoria, la mayoría de sus gentes se pasaron en bloque al campo patriota. Fueron las crueldades de Bobes, al parecer, las que impulsaron a Bolívar a proclamar su famoso y discutido «manifiesto de guerra a muerte».

CAPÍTULO XIV

COMBATE DE BÁRBULA Y MUERTE DE GIRARDOT

Mientras tanto, siempre deseoso de apoderarse del tan necesario reducto de Puerto Cabello, Bolívar concentró toda su atención en el mismo.

Fracasó un ataque general, pero el comandante español Zuazola, conocido por su extrema crueldad, fue hecho prisionero. Bolívar, en lugar de llevar a cabo la amenaza contenida en la proclama de la guerra a muerte, le ofreció a Monteverde el canje del prisionero por otro oficial patriota, preso en la ciudadela. Monteverde no aceptó y Zuazola fue ahorcado al pie de la muralla de la fortaleza. Pero al recibir los realistas algunos refuerzos de la península, se decidieron a tomar la iniciativa. La división de que constaba el refuerzo, compuesta de mil trescientos hombres, al mando del coronel Salomón, estuvo a punto de caer en poder de los patriotas, porque engañada la escuadra que los conducía al ver flamear el estandarte real en los fuertes de La Guaira, adonde venía destinada, ancló en el puerto el 13 de septiembre de 1813, y se preparaba a desembarcar las tropas cuando, a pesar de lo bien manejado de la estratagema que tenía dispuesta el general Ribas, algo aconteció que despertó la sospecha de Salomón, el cual se apresuró a hacerse a la vela, mas no sin grandes averías causadas por los fuegos de las fortalezas. Pocas horas después de haberse librado milagrosamente de caer en el lazo que se le había tendido, llegó la expedición a Puerto Cabello. Con este auxilio resolvió el impaciente y activo Monteverde atacar las fuerzas situadoras y, venciendo la oposición de Salomón, marchó contra ellas. Entretanto, Bolívar que ya se había incorporado a la división de Girardot, ordenó la retirada, perseguido muy de cerca por la vanguardia enemiga, hasta Bárbula, en el camino de Valencia.

El 30 de septiembre se libró un combate en el que las tropas españolas quedaron derrotadas y sufrieron grandes pérdidas en la persecución hasta el sitio de las Trincheras, a poca distancia de Puerto Cabello, donde el coronel Salomón, con las tropas recién llegadas, había tomado posiciones. Este cuerpo, tras una viva y tenaz resistencia, se vio obligado a refugiarse en Puerto Cabello, que quedó de nuevo sitiado por el general D'Elhuyar.

Continuó la retirada hacia Valencia, y desde entonces las avanzadas patriotas sólo alcanzaban hasta la cumbre de Puerto Cabello y hasta las Trincheras, dejando intermedio el campo de Naguanagua, que era el previsto para esperar a los españoles. Al fin se movieron éstos por la costa del Palito y camino de las Trincheras o Agua Caliente, y fueron a situarse en el cerro de Bárbula, que domina el llano de Naguanagua. Dictaron los patriotas todas las disposiciones necesarias para una batalla, y las tropas se movieron de Valencia hacia el enemigo.

El Libertador no podía persuadirse de que los españoles no tuviesen en Bárbula otras fuerzas que las que estaban a la vista, que se calcularon en unos quinientos hombres, ya que no podía presumir que el general Monteverde destacase ese cuerpo con peligro de perderlo, quedándose él con las fuerzas expedicionarias en el sitio de las Trincheras junto a Bárbula.

En vista de las circunstancias, se pasó el día en reconocimientos; se situaron las tropas en escalones desde Naguanagua hasta Valencia.

Al día siguiente se repitieron los mismos reconocimientos y se provocó al enemigo, por cuantos medios se pudo, con objeto de que descendiera a la llanura; pero las cosas quedaron igual que el día anterior, siendo cada vez menos creíble que Monteverde se mantuviese con el grueso de su división a tanta distancia, mientras los patriotas amenazaban tan de cerca su vanguardia de Bárbula.

Al tercer día se descubrió, por fin, gracias a los reconocimientos practicados por el Estado Mayor, el error de Monteverde y el que los patriotas mismos estaban cometiendo al no aprovecharse del descuido, y se determinó el combate. La caballería de Bolívar quedó fuera de acción porque, estando el enemigo sobre la pendiente de Bárbula, sólo podría maniobrar la infantería que, dividida en tres columnas, mandadas por Urdaneta, Girardot y D'Elhuyar, no tuvieron más trabajo que de trepar con arma al brazo hasta la cima del cerro, donde el enemigo hizo algún fuego, pero ya en desorden y huyendo.

Un tiro perdido de los realistas acabó con la vida de Girardot en el momento mismo en que, vencida la subida, decía a Urdaneta, que había llegado por otro lado: «Mire usted, compañero, cómo huyen esos cobardes.» Persiguiose a los españoles y se hicieron muchos prisioneros, y entrada la noche volvieron los patriotas a su campamento de Naguanagua.

Era preciso marchar, al día siguiente, a completar la derrota de Monteverde en las Trincheras, antes de que el descalabro recibido lo estimulase a volver a Puerto Cabello. Se organizó una división de mil hombres de los cuerpos que se creyeron más idóneos para la empresa, cuyo mando se confirió al comandante D'Elhuyar, con la orden de que al amanecer debía estar batido Monteverde.

Había tal confianza en las tropas y en el jefe que las mandaba, que todo el resto de las fuerzas y el cuartel general se trasladó en la misma noche a Valencia.

La pérdida de Girardot, cuyo cadáver fue llevado a Valencia, había privado al ejército libertador de uno de sus grandes puntales, y el sentimiento del ejército fue tal, que el Libertador creyó no poderlo mitigar sino destinando un jefe granadino y todas las tropas de Nueva Granada para que vengaran su muerte en el sitio de las Trincheras a la misma hora, las tropas venezolanas le hacían honras fúnebres en Valencia. Así sucedió.

D'Elhuyar batió por completo a Monteverde, persiguiéndole hasta encerrarle de nuevo en Puerto Cabello, de donde nunca más salió por haber quedado inutilizado a causa de una herida recibida en la cara durante aquel combate.

A muy caro precio se compró la victoria de Bárbula: con la vida del bizarro Girardot, el ídolo del ejército, el predilecto de su jefe.

Natural de la provincia de Antioquia, en la Nueva Granada, entró en la carrera militar con el ardor generoso de su alma noble; su valor atrajo la atención de sus jefes, y sus talentos militares le procuraron rápido ascenso. Su muerte fue causa de un sincero pesar para el Libertador, que le profesaba especial cariño. Los honores decretados para honrar su memoria prueban la estimación que se le tenía en el ejército:

> *Siendo, pues, el coronel Anastasio Girardot, a quien muy principalmente debe la República de Venezuela su restablecimiento, y la Nueva Granada las victorias más importantes; y para consignar en los anales de la América la gratitud del pueblo venezolano hacia uno de sus libertadores, he resuelto lo siguiente:*

> *1. El 30 de septiembre será una fecha aciaga para la República, a pesar de las glorias de que se han cubierto sus armas en este mismo día, y se hará*

siempre un aniversario fúnebre que será un día de luto para los venezolanos.

2. *Todos los ciudadanos de Venezuela llevarán un mes consecutivo de luto por la muerte del coronel Girardot.*

3. *Su corazón será llevado en triunfo a la capital de Caracas, donde se le hará la recepción de libertadores, y se depositará en el mausoleo que se erigirá en la capital Metropolitana.*

4. *Sus huesos serán transportados a su país nativo, la provincia de Antioquia, en la Nueva Granada.*

5. *El cuarto batallón de línea, instrumento de sus glorias, se titulará en lo futuro «Batallón Girardot».*

6. *El nombre de este benemérito ciudadano se inscribirá en todos los registros públicos de las municipalidades de Venezuela, como primer bienhechor de la patria.*

7. *La familia de Girardot disfrutará, por toda su posteridad, de los sueldos que gozaba este mártir de la libertad de Venezuela, y de las demás gracias y preeminencias que debe exigir del reconocimiento de este Gobierno.*

8. *Tendrá ésta por una ley general que se cumplirá inviolablemente en todas las provincias de Venezuela.*

9. *Se imprimirá, publicará y circulará para que llegue al conocimiento de todos sus habitantes.*

Dada en el cuartel general de Valencia, el 30 de septiembre de 1813.

Simón Bolívar.

CAPÍTULO XV

LA ORDEN DE LOS LIBERTADORES

Tras los combates de Bárbula y las Trincheras, el general Urdaneta marchó con una división a cubrir la parte occidental de Venezuela, expuesta a las incursiones de los realistas, en cuyo poder estaban aún Coro y Maracaibo. Otro cuerpo, a las órdenes del coronel Campo Elías —español al servicio de la República—, fue destinado a Calabozo, ciudad situada en el Alto Llano.

Antes de separarse de Puerto Cabello, volvió Bolívar a dirigirse a Monteverde, en bien de las críticas circunstancias. Desde su primera negativa a ratificar la capitulación de Fierro, gran número de españoles habían sido encerrados en las bóvedas del puerto de La Guaira. Una ley cruel, aunque de forzoso cumplimiento, los condenaba a la pena de muerte por el solo hecho de haber sido apresados en el campo de batalla.

Para el Libertador era repugnante hacerla cumplir. La generosa interposición de un empleado inglés, el gobernador de Curaçao, cuya conducta neutral y amable para con ambos beligerantes lo hacía acreedor a los miramientos de los patriotas, motivó otra proposición de Bolívar al general español sobre el canje de prisioneros. Don Salvador García de Ortigosa fue en esta ocasión el parlamentario, elegido expresamente por ser español y clérigo, cualidades que se creía serían apreciadas por Monteverde. El mediador le expuso la situación a que estaban reducidos sus desgraciados compatriotas, empleando todos los argumentos y ruegos que el amor a la

Humanidad le sugirió para moverle a convenir en el canje propuesto.

Mas todo fue en vano; ni los ruegos ni los argumentos pudieron convencer al empedernido Monteverde, cuya negativa e injustificable detención del parlamentario eran actos calculados para provocar la venganza del Gobierno independiente. En su segunda carta al gobernador de Curaçao, dice Bolívar, refiriéndose a la detención de Ortigosa, estas palabras:

> *Llevó estas proposiciones benéficas el presbítero Salvador García de Ortigosa, sacerdote venerable, cuya virtud ejemplar había infundido respeto aun a los mismos españoles. Entró en la clase de emisario parlamentario, y su objeto era sólo favorecer a los oficiales enemigos prisioneros y sus paisanos. La audiencia dada al virtuoso parlamentario, la gratitud del jefe de Puerto Cabello al interés que se tomaba por los individuos de su ejército, ha sido encerrarle en una bóveda, habiéndose escapado de la muerte a costa de ruegos y de lágrimas. Yo suplico a V. E. me indique ahora qué partido de salud nos queda con estos monstruos, para los cuales no hay derecho de gentes, no hay virtud, no hay honor, no hay causa propia que reprima su maldad. Yo había querido ser generoso, aun con perjuicio de los intereses sagrados que defiendo; pero los bárbaros se obstinan en ejercer la crueldad, aun en daño de ellos mismos.*
>
> *Incluyo a V. E. los últimos boletines, por los cuales quedará convencido de la situación desesperada del ejército español, y que de un momento a otro deben desaparecer hasta sus reliquias miserables.*

El 13 de octubre de 1813 entró Bolívar de nuevo en Caracas, en medio de un gran entusiasmo, como vencedor y bienhechor, recibiendo repetidos testimonios de gratitud por sus importantes servicios. La municipalidad, teniendo en cuenta los ascensos dados en el ejército y que el mismo Bolívar había concedido a Ribas un grado superior al suyo, convocó una asamblea de los principales vecinos de la ciudad, al objeto de premiar al Libertador por el mérito, de modo que no chocase con su modestia y desinterés. La asamblea le confirió el grado de capitán general y el espléndido título de Libertador.

La respuesta de Bolívar en esta ocasión estaba concebida en el sencillo lenguaje de la humildad, expresándose en los siguientes términos:

> *He tenido, es verdad, el honor de conducir en el campo de batalla soldados valientes, jefes impertérritos y peritos, bastantes por sí solos a haber realizado la empresa memorable que felizmente han terminado nuestras armas. Ustedes me aclaman capitán general de los ejércitos y Libertador de Venezuela, título más glorioso y satisfactorio para mí que el cetro de todos los imperios de la Tierra; pero ustedes deben considerar que el Congreso de la Nueva Granada, el mariscal de campo José Félix Ribas, el coronel Anastasio Girardot, el brigadier Rafael Urdaneta, el comandante D'Elhuyar, el comandante Campo Elías y los demás oficiales y tropas son verdaderamente estos ilustres libertadores. Ellos, señores, y no yo, merecen las recompensas con que, a nombre de los pueblos, quieren premiar ustedes en mí servicios que ellos han hecho. El honor que se me hace es tan superior a mi mérito, que no puedo contemplarle sin confusión.*
>
> *El Congreso de la Nueva Granada confió a mis débiles esfuerzos el restablecimiento de nuestra república. Yo he puesto de mi parte el celo: ningún peligro me ha detenido. Si esto puede darme lugar entre los ciudadanos de nuestra nación, los felices resultados de la campaña que han dirigido mis órdenes*

es un digno galardón de estos servicios, que todos
los oficiales y soldados del ejército han prestado
igualmente bajo las banderas republicanas.

Al poco tiempo de haber obtenido tan marcada distinción
del favor popular, Bolívar, constante siempre en su empeño
de promover en el ejército el espíritu de emulación, instituyó
la Orden de los Libertadores. Así se explica en el documento
elaborado a este objeto.

Considerando, por lo tanto, que la voluntad mani-
fiesta de los pueblos es dar las últimas pruebas de
gratitud a los que con su espada vencedora han cor-
tado las cadenas que los oprimían, he venido en decre-
tar y decreto lo siguiente:
1.   Para hacer conocer a los hijos de Venezuela
los soldados esforzados que la han libertado, se ins-
tituye una orden militar que los distingue.
2.   La venera de la Orden será una estrella de
siete radios, símbolo de las siete provincias que com-
ponen la República. En la orla habrá esta inscrip-
ción: «Libertador de Venezuela» y en el dorso el nom-
bre del libertador.
3.   Esta venera es el distintivo de todos aquellos
que, por una serie no interrumpida de victorias, han
merecido justamente el renombre de libertadores.
4.   Serán considerados por la República y por el
Gobierno de ella como los bienhechores de la patria;
serán denominados con el título de beneméritos; ten-
drá siempre un derecho incontestable a militar bajo las
banderas nacionales; en concurrencia con persona de
igual mérito serán preferidos; no podrán ser suspendi-
dos, y mucho menos despojados de sus empleos, gra-
dos o medallas, sin un convencimiento de traición a la
República o por algún acto de cobardía o deshonor.

Simón Bolívar ejercía el mando con dureza para sostener campañas tan abrumadoras.

De este modo se estableció un incentivo a hechos gloriosos sin comprometer los principios republicanos consignados en el Acta de Independencia y sin gravar al tesoro con cargas onerosas.

Este decreto, que no establecía ningún privilegio que pudiese chocar con la igualdad, fue recibido por los militares con manifiestas señales de satisfacción y orgullo, y fue tan altamente apreciada esta distinción, que el hecho de ser inscrito entre los Libertadores y gozar del derecho a llevar la honrosa venera, se tenía como la más alta recompensa a que un soldado podía aspirar. Este honor se confirió al principio con cierta cicatería, que lo hizo más codiciado, y los primeros miembros de la orden fueron elegidos con tan reconocida justicia, que no resultó ofensa ni motivo de queja a los que no eran todavía acreedores a tan honrosa distinción.

El general Ribas, uno de los héroes de aquel período de la guerra de independencia; el coronel Rafael Urdaneta, cuyos talentos militares nadie podía poner en duda, aunque no siempre fue afortunado; Campo Elías, más famoso por su valor personal y por el odio salvaje y desnaturalizado que profesaba a sus compatriotas, que por su juicio y prudencia; los intrépidos D'Elhuyar y Ortega, que además del mérito contraído en la campaña eran granadinos de nacimiento, fueron, con algunos más, los primeros condecorados con la cruz de libertadores.

Con la institución de esta Orden, Bolívar probó que él no aspiraba a ninguna distinción que no estuviese dispuesto a compartir con sus compañeros de armas; él pudo haber monopolizado la gloria y las recompensas de la victoria, pero, generoso, tanto como político, repartió los laureles con aquellos que lo habían ayudado a segarlos.

En realidad, nunca había sido más necesario poner en acción la energía y el vigor de la República, y adoptar cuantas medidas sugerían la prudencia y la política, ya que las fuerzas realistas reaparecían con mayor fuerza después de cada derrota.

CAPÍTULO XVI

ANÉCDOTAS DE BOBES, EL CRUEL*

Se decía que primero había sido sirviente, luego patrón de chalupa y contrabandista. Se metió en turbios negocios y fue condenado por las autoridades de Puerto Cabello a ocho años de prisión. Fue puesto en libertad por los españoles a condición de que combatiese contra los revolucionarios.

Bobes levantó, pues, bandas de peones de ganado; los famosos llaneros.

Cruel y malvado, la guerra era para él un placer, se habría batido contra cualquier pueblo, pues era el medio de satisfacer su afán de destrucción y crimen.

Valiente, siempre en primera línea de su legión infernal, enarbolando un estandarte bañado en sangre, resultó herido al menos treinta veces, pero jamás se confesó vencido.

Cuando fue derrotado por Bolívar, conservando sólo diez hombres de los mil quinientos que mandaba, formó un nuevo ejército. Cuando pasaba por una aldea las gentes estaban obligadas a servirle, pues aunque era odiado, era aún más temido.

En una ciudad abandonada donde no quedaba más que un niño y un viejo, ordenó que se decapitase a éste.

—¡Sálvale! —imploró el muchacho—, y seré tu esclavo.

_____

* Si bien anteriormente hemos ofrecido ya algunos rasgos de su biografía, creemos conveniente completarlos con algunas anécdotas sobre su terrible personalidad.

—Le salvaré si te dejas cortar las orejas y la nariz sin lanzar un solo quejido.

El niño accedió, sin lamentarse.

—Matad al viejo, es un traidor; en cuanto al niño, matadle también; dentro de algunos años sería capaz de combatirnos.

Así era Bobes. En toda Venezuela no existía un hombre más feroz. Sin embargo, había otros de similares características: Campo Elías, quien había abandonado a su mujer y a sus hijos para entregarse sin freno a matar españoles.

Un día consiguió encontrar a Bobes; era lo que más había deseado. El combate fue tan encarnizado que Bobes, cubierto de heridas, fue el único que consiguió escapar de cuantos componían su ejército.

Campo Elías hizo pasar a cuchillo a todos los habitantes de una aldea porque no se habían sublevado contra Bobes.

Un mes más tarde, éste se tomó el desquite y le tocó esta vez a Campo Elías escapar.

Otros oficiales valían tanto como Bobes; Morales, siempre seguido de un gigantesco verdugo, Rosete, llamado «el Capitán». Descuartizamientos, incendios, ahorcamientos... Los suplicios más espantosos constituían su distracción.

Zuazola llevaba en su sombrero la oreja de un republicano.

Antonanzas despanzurraba a las mujeres encinta y se encarnizaba en sus cadáveres, y llegaba a tal punto su sadismo que solía enviar a sus amigos cajas llenas de manos y pies sangrantes. Hacía elevar pirámides con cráneos.

Bobes presumía de haber exterminado en una tarde, él solo con su propio brazo, a trescientas personas. Sus mismos hombres le temían, pues cuando estaba borracho era capaz de matar hasta a sus propios soldados, si éstos le miraban con aire de reprobación.

Eusebio de Coronil, un capuchino exaltado, recomendaba que no se dejase con vida a ningún venezolano que tuviese más de siete años.

Yáñez llevaba un hierro con el que marcaba a los prisioneros antes de que fuesen pasados por las armas.

La manía sanguinaria se extendió hasta lo indecible. Los republicanos también se contagiaron de ella. Un general, que odiaba su origen, asesinó a toda su familia e intentó suicidarse, alegando tener la satisfacción de suprimir a un hombre de nacimiento realista.

Bobes había llegado a reunir una caballería temible, compuesta de bandidos liberados de presidio y llaneros que no podían ya vivir del producto de su ganado y encontraban más sencillo dedicarse a la guerra y al pillaje.

Avanzando con su legión, Bobes batió dos veces a Bolívar. Su intervención en estas guerrillas tenía más bien el aspecto de una venganza personal que el de una represión española. Bolívar, que solía tratar a los habitantes con dulzura, se hallaba falto de recursos. Bobes, por el contrario, robaba los tesoros de las iglesias y se apoderaba de los bienes de los particulares. Sus jinetes disponían de todo con profusión y acababan por apreciar los encantos de una existencia peligrosa pero provechosa.

En una ocasión, Bolívar perdió cerca de mil hombres en una encarnizada batalla en La Puerta.

A pesar de rasgos de heroísmo —como el de Ricorte, que esperó para saltar a que los españoles le hubiesen rodeado y entonces prendió fuego al almacén de pólvora, en una actitud suicida arrastrando a la muerte con él a multitud de realistas—, Bolívar, aunque consciente del valor de sus oficiales, tuvo que retirarse a la desesperada.

Mariño, en una ocasión, cayó en una trampa tendida por Bobes y tuvo que retirarse a Cumaná.

Y Bolívar, casi indefenso, tuvo que abandonar Caracas.

Millares de personas le siguieron para escapar a las persecuciones que no dejarían de producirse. Los caminos se hallaban llenos de muchachas, de niños, de mujeres, de

129

sacerdotes que se llevaban con ellos todo lo que podían. El pánico era latente. Las privaciones fueron la causa de la muerte de la mayor parte.

Las noticias de la crueldad del enemigo decidieron a los más resignados. En Aragua, centenares de paisanos refugiados en la iglesia, en torno al Santísimo Sacramento, fueron degollados, y la ciudad fue pasto de las llamas.

«¡Qué llegan los llaneros de Bobes! ¡Qué llegan los llaneros de Bobes!», y como una nueva horda medieval, los temidos jinetes dejaban detrás de las carretas en que las mujeres seguían al ejército, los cadáveres del enemigo desprovistos de cuanto habían llevado encima antes de la lanzada mortal.

Llega la noche, las terribles tropas del caudillo descansan a la lumbre de los fuegos de campamento en donde se asa la carne de los caballos muertos que les servirá de preciado refrigerio. De pronto rasga el aire una guitarra:

> —*Bolívar, ¿dónde están tus tropas?*
> —*No preguntes zoquetadas.*
> *Mis tropas son de mujeres*
> *y andan hoy de retirada.*

Un óleo de Tito Salas que puede contemplarse hoy en la casa natal del Libertador, convertida en museo, refleja con hondo patetismo la terrible emigración de 1814 provocada por la marcha irresistible de los llaneros y el pánico de las gentes temerosas de las crueles represalias. Más de veinte mil personas llevaron a cabo un trágico éxodo del que la mayoría ya no retornó.

Por el momento, la reorganización del ejército de Bolívar resulta imposible, porque se halla casi aniquilado. En Cumaná, Bianchi, el italiano que manda la flota, pretende huir con las riquezas confiscadas de las iglesias destinadas a continuar la resistencia. Bolívar y Mariño tienen que negociar con el desalmado. Por si fuera poco, al llegar a Carúpano, Ribas, uno de sus subordinados, se atreve a meterlos en prisión. La sombra de Miranda planea sobre sus cabezas...

Suerte que un oficial les libera y ponen rumbo a Cartagena en sendos barcos, dispuesto a seguir la lucha. El destino querrá que Ribas caiga en manos llaneras, le corten la cabeza y tras freírla en aceite la exhiban como escarmiento a la entrada de Caracas. Su viuda juró no salir de casa hasta que Venezuela fuera de nuevo libre. Cumplió fielmente este juramento. La primera vez que salió sería para unirse al pueblo que de nuevo aclamaba a su Libertador.

Por fin, Bobes caería en Urica y no podría contemplar el sangriento trofeo de Ribas. Pero por segunda vez, la destrucción de la República venezolana era un hecho.

CAPÍTULO XVII

BOLÍVAR SE EXPATRIA A JAMAICA

La alternativa a que se veía reducido de abandonar el país en momentos de gran peligro, o de presenciar la destrucción de su ejército, ponía en tortura el corazón de un hombre de sentimientos tan elevados. Pero los innobles celos de Castillo no le dejaban otra alternativa. El 7 de mayo reunió a los oficiales de la Unión para informarles de la resolución que había tomado. Éstos lo recibieron con sincero pesar, y en prueba del cariño que le profesaban y de la confianza que en él tenían, decidieron unánimemente seguir su suerte.

A continuación, Bolívar escribió al comisionado general.

> *Mi constante amor a la libertad de América me ha exigido diferentes sacrificios, ya en la paz, ya en la guerra. La circunstancia que es asunto de esta carta, no es un sacrificio, es un triunfo para mi corazón.*
>
> *El que abandona todo por la patria nada pierde: antes gana todo lo que le consagra. V. E. conoce bien nuestra situación, y no puede dejar de aplaudir mi resolución de separarme del ejército y de la Nueva Granada.*
>
> *Suplico a V. E. examine el acta que tengo el honor de incluir; por ella se instruirá V. E. de mi determinación y la de los oficiales del ejército que, como yo, no quieren ser por más tiempo la causa de una guerra civil. Por este motivo, suplican ellos se permita,*

133

a los que así lo desean, separarse del ejército y salir del país, y yo, por mi parte, suplico a V. E. no desatienda su demanda.

Dos días después se embarcó en un buque de guerra inglés rumbo a Jamaica, adonde llegó el 13 de mayo de 1815, acompañado de su secretario privado y fiel amigo, Briceño Méndez, y no de los demás oficiales porque, careciendo de recursos, se vieron privados del consuelo de acompañarle en su voluntarioso destierro. Antes de embarcarse se despidió de sus valientes compañeros, dirigiéndoles la afectuosa y elocuentísima alocución siguiente:

> *El Gobierno general de la Nueva Granada me puso a vuestra cabeza para despedazar las cadenas de vuestros hermanos esclavos en las provincias de Santa Marta, Maracaibo, Coro y Caracas.*
>
> *Venezolanos: vosotros debíais volver a vuestro país; granadinos: vosotros debíais volver al vuestro, coronados de laureles. Pero aquella dicha y este honor se trocaron en infortunio. Ningún tirano ha sido destruido por vuestras armas; ellas se han manchado con la sangre de nuestros hermanos en dos contiendas, diversas en los objetos, aunque iguales en el pesar que nos han causado. En Cundinamarca combatimos por unirnos, aquí por auxiliarnos. En ambas partes la gloria nos ha concedido sus favores: en ambas hemos sido generosos.*
>
> *Allí perdonamos a los vencidos y los igualamos a nosotros; acá nos ligamos con los contrarios para marchar juntos a libertarles sus hogares. La fortuna de la campaña estaba aún incierta: vosotros vais a terminarla en los campos enemigos, disputándoos el triunfo con los tiranos. ¡Dichosos vosotros que vais*

a emplear el resto de vuestros días por la libertad de
la patria! ¡Infeliz de mí que no puedo acompañaros
y voy a morir lejos de Venezuela, en climas remotos,
por la paz de vuestros compatriotas!

Granadinos y venezolanos: de vosotros, que
habéis sido mis compañeros en tantas vicisitudes y
combates, de vosotros me aparto para ir a vivir a
la inacción y a no morir por la patria. Juzgad de
mi dolor y decidid si hago un sacrificio de mi cora-
zón, de mi fortuna y de mi gloria renunciando al
honor de guiaros a la victoria. La salvación del ejér-
cito me ha impuesto esta ley; no he vacilado. Vuestra
existencia y la mía eran aquí incompatibles; pre-
ferí la vuestra. Vuestra salud es la mía, la de mis
hermanos, la de mis amigos, la de todos, en fin, por-
que de vosotros depende la República. Adiós, adiós.

Cuando había estallado la revolución, Bolívar se contaba entre los nobles más ricos del imperio colonial español. Cuando llegó a Jamaica, aquel mayo de 1815, era tan pobre como cualquiera de sus antiguos esclavos. Lo poco que había podido llevarse consigo desapareció rápidamente y al cabo de un corto tiempo tuvo que pasar a depender de la generosidad de sus amigos. Bolívar había sido capaz de vender cuanto le pertenecía y de renunciar a su salario.

Desde el instante en que arribó a Kingston, la capital de Jamaica, Bolívar dedicose con todo empeño a trabajar en pro de su patria. Los personajes más respetables de aquella ciudad, bajo el influjo de los mezquinos intereses comerciales, eran contrarios a la independencia de Sudamérica, pese a lo cual, consideraron a Bolívar como un patriota sincero, amante de su país, por el que se había sacrificado en todo momento.

Aprovechándose de las simpatías que sus desdichas le granjeaban, trató de convencer a tales personajes ya desde el principio, y a la población en general, de los beneficios que se derivarían del comercio libre con América del Sur, beneficios que jamás se derivarían del comercio con aquellas tierras si continuan siendo colonias españolas. Con tales argumentos, logró hacer muchos prosélitos a su causa.

Las nuevas de las ventajas conseguidas por Morilla en Venezuela le impresionaron profundamente, y a menudo llegó a exclamar:

—Si el pacificador obra con prudencia y buena política, la subyugación de las colonias sublevadas será inevitable.

Fue allí donde escribió la célebre *Carta de Jamaica*, en la que de manera clara y rotunda exponía su pensamiento político y sus ansias de independencia.

La otra cara de la moneda

Si bien Bolívar, en aquel tiempo, llevó una vida sosegada y tremendamente económica, no por eso viose libre de apreturas pecuniarias, ese embarazo que casi siempre acompaña a los grandes genios. Algunos de sus conciudadanos, que no pudieron sufrir las insolentes burlas del partido que había triunfado en las disensiones civiles de Cartagena, buscaron, como él, un asilo en Jamaica. Careciendo de recursos, se veían obligados a solicitarlos de Bolívar, que con genial largueza remediaba sus necesidades.

En breve se vio reducido a la situación que más puede mortificar a un hombre delicado y orgulloso: la de tener que solicitar auxilios de extraños. Él había nacido en la opulencia y estaba acostumbrado a una vida holgada con hábitos patricios, hasta que la revolución puso a prueba la energía de su carácter. Cortejado durante la primera época de la independencia por jefes solícitos de la buena voluntad de un hombre de reconocidos talentos y grande influencia, y elevado después al mando supremo, jamás había sentido las penas que

El general Páez, gran colaborador de Bolívar, después se le enfrentó en una insurrección.

acompañan la falta total de recursos; su mortificación fue por lo tanto mucho más aguda. De no haber sido por su excelente amigo Hislop, que por casualidad tuvo noticia de su penuria, y se anticipó a remediarla de la manera más fina y delicada, con ofrecimientos generosos, sin duda habría quedado reducido a la última miseria. Sin embargo, rehusó sus ofrecimientos, hasta no haberse desvanecido toda esperanza de recibir dinero de sus amigos del continente. En tales circunstancias dirigió a Hislop la esquela siguiente el 30 de octubre:

> *Obligado de la más absoluta necesidad, me tomo la libertad de molestar la atención de usted, confiado en las ofertas generosas que a nombre de usted me hicieron nuestro amigo común el difunto general Robertson y Mr. Chamberlaine.*
>
> *Ya no tengo un duro; ya he vendido la poca plata que traje. No me lisonjea otra esperanza que la que me inspira el favor de usted; sin él, la desesperación me forzará a terminar mis días de un modo violento, a fin de evitar la cruel humillación de implorar auxilios de hombres más insensibles que su oro mismo. Si usted no me concede la protección que necesito para conservar mi triste vida, estoy resuelto a no solicitar la beneficencia de nadie, pues es preferible la muerte a una existencia tan poco honrosa.*
>
> *La generosidad de usted debe ser gratuita, porque me es imposible ofrecer ninguna recompensa, después de haber perdido todo, pero mi gratitud será eterna.*

Terribles debieron de ser las angustias que entonces sufrió, como lo demuestran todas las cartas que escribió en aquella época, que parecen dictadas por el genio de la desesperación. Sin embargo, Bolívar seguía siendo un verdadero caballero. Y aunque podía soportar el hambre y la miseria, también sabía apreciar los lujos de la vida. Sin embargo, no gustaba de abusar de los licores y despreciaba la embriaguez. A pesar de sus escaseces, compartió gustosamente con sus compañeros de destierro la suma que le prestó Mr. Hislop; pero como ésta fuese insuficiente para atender a las exigencias de los muchos a quienes él auxiliaba, y no queriendo abusar de la generosidad del amigo, se vio en el caso de quedar debiendo una pequeña suma por gastos de alojamiento.

Pertenecía la casa en que vivía a una mujer de color, de genio díscolo, que arreglaba sus atenciones a los huéspedes por la puntualidad con que éstos pagaban el pupilaje. Maliciando, la casera, al notar la morosidad de Bolívar, que su dinero escaseaba, se convirtió en una furia, y fue tanta la mezquindad de su conducta que de nuevo tuvo él que recurrir a su bondadoso amigo para satisfacer las exigencias de la casera.

Inmediatamente buscó otro alojamiento, y aunque era día domingo, tuvo la fortuna de encontrarlo, si no a su gusto, sí de conformidad con sus limitados recursos. Puso por condición al aceptar las impuestas por la propietaria, que se le daría su nueva habitación aquel mismo día. La señora, que era francesa y católica escrupulosa, objetó que por la santidad del día le era imposible ocuparse en los preparativos de su recibimiento. Bolívar insistió con empeño, diciendo que estaba resuelto a no continuar en la casa en donde se le había insultado y que se contentaría con tener donde pasar la noche. Aunque con mucho trabajo, logró vencer los escrúpulos de la señora, que consintió al fin en que Bolívar durmiese en un sofá en la sala.

Al concluir este arreglo, regresó a dar órdenes para la conducción de su equipaje; pero no habiendo podido encontrar a su criado, se dirigió a casa de un amigo que le había invitado a comer.

Concluida la comida, salió de nuevo en busca del criado, y no encontrándole, se retiró a la posada donde debía pasar la noche, pues estaba resuelto a no volver a su antiguo aposento, que tantas molestias le había proporcionado. Feliz resolución para él y para su patria; sin ella, habría sucumbido bajo el puñal de un asesino.

Bolívar escapa al puñal de un asesino

Durante su ausencia de la casa en aquel día, un compatriota suyo, desterrado también, llamado Félix Amestoy, que estaba de marcha para Santo Domingo, había ido a despedirse, pero no hallándole en ella y sin saber en dónde verle, decidió esperarle en su mismo cuarto. Vencido por el sueño, se acostó en la hamaca y no tardó mucho en dormirse.

Serían las once de la noche cuando un negro joven, de nombre Pío, que antes había sido esclavo de Bolívar, a quien debía su libertad, y estaba ahora al servicio del edecán, capitán Rafael Páez, entró en la habitación y viendo ocupada la hamaca, dedujo que en ella estaría el general dormido, porque ni aun sus más íntimos amigos se permitirían usarla. Acercose cautelosamente y dio de puñaladas a Amestoy, a cuyos gritos acudieron los demás huéspedes de la casa cuando ya había expirado. Pío, sin perder un instante, saltó por la ventana a la calle; pero su desaparición despertó sospechas y a la mañana siguiente fue aprehendido.

Sin dificultad confesó que un judío polaco lo había sobornado para que asesinase al general Bolívar; que durante tres meses había estado espiando cuidadosamente la ocasión propicia para consumar su intento con el puñal o el veneno; pero que cada vez que estaba para ejecutarlo, alguna casualidad lo frustraba. A pesar de la intercesión de Bolívar en su favor, fue juzgado el asesino, sentenciado a muerte y ahorcado. El malvado que lo indujo a cometer el crimen logró ocultarse al principio, y más tarde abandonar la isla sin ser descubierto.

Este infame atentado, en que se mostró tan al vivo la intervención de la Providencia, escudando la vida de Bolívar, se atribuyó a sugestiones del general Morillo.

Bolívar sale para Haití, en busca de ayuda para sus empresas guerreras

Los progresos de los realistas en la Costa Firme, y las desgracias de Cartagena, contristaron el ánimo de Bolívar, aun más que sus propias cuitas. Los buques que llegaban de la ciudad desventurada le tenían al corriente de los sufrimientos de sus habitantes, que no cesaban de lamentar, cualquiera que fuese su partido, la ausencia que privaba a la patria de los importantes servicios de aquel caudillo, en circunstancias que reclamaban imperiosamente el apoyo de sus talentos y madura experiencia.

Desde el principio del bloqueo, no había cesado él de persuadir a sus amigos y relacionados, de la necesidad de socorrer la plaza con víveres; y al llegar la noticia de la deposición de Castillo, resolvió embarcarse él mismo, esperando burlar la vigilancia de la escuadra sitiadora a introducir víveres en Cartagena.

Luis Brión, criollo rico y respetable de la isla de Curaçao, que había consagrado su persona y su fortuna a la causa de la independencia de la América del Sur, fue el promotor principal de este proyecto. Se dirigió Bolívar a algunos negociantes, en demanda de los auxilios necesarios para llevarlos a cabo, y a sus compatriotas para que le acompañasen, dándoles él mismo el noble ejemplo de deponer sus rencillas en aras de los intereses de América.

Se hizo una suscripción para colectar los fondos necesarios, y los señores Pavageau y Hislop contribuyeron con liberalidad. Venciendo cuantos obstáculos y dificultades se le opusieron, obligando su persona y bienes y empeñando su palabra, al fin se hizo a la mar el 18 de diciembre en un buque de Brión, cargado de armas y víveres. Al día siguiente, por la más feliz casualidad se avistó con una goleta, procedente de Cartagena, que le dio los pormenores de la evacuación de la plaza; sin este encuentro hubiera, con toda probabilidad, caído en manos de los realistas; porque el general Morillo, previendo que pudiesen llegar socorros, no había cambiado la bandera, ni el fondeadero de la escuadra; lo que fue causa de que algunos buques cayesen en el lazo una vez ocupada la plaza por sus tropas.

Pablo Morillo fue una de las últimas cartas jugadas por Fernando VII para afirmar su autoridad en Hispanoamérica. De origen humilde, nacido hacia 1775, para algunos en Fuentesecas, Zamora, para otros, basándose en una carta de Morillo, gallego de nacimiento: «Tú, nacido además como yo, en la hermosa Galicia...»

Ingresó muy joven como soldado de infantería de marina, tal como nos lo explica Andrés Révesz en su biografía sobre Morillo. Tomó parte en la batalla del cabo de San Vicente contra los ingleses, en Tolón y en el heroico, pero desgraciado combate de Trafalgar (21 de octubre de 1805).

Durante la guerra de la Independencia sirvió a las órdenes del general Castaños, el vencedor de Bailén, y fue ascendiendo por méritos de campaña hasta llegar a general en 1811. Participó eficazmente en la batalla de Vitoria (21 de junio de 1813) iniciando eficazmente el combate contra los franceses con su división y fue conceptuado como uno de los héroes de la Independencia.

Gracias a esta brillante hoja de servicios, Fernando VII le confió el mando de un bien equipado ejército para combatir a los insurrectos de Sudamérica.

En aquel escenario donde se desarrolló, aunque desafortunada, la tercera etapa militar de Morillo y gracias a la cual la historia ha conservado más su nombre, su actuación, tanto en Venezuela como en Colombia, siguiendo la estela de Bobes, sería más violenta y sanguinaria que eficaz, alternando señaladas victorias sobre el propio Bolívar y Mariño, pero teniendo que firmar finalmente, como veremos, la tregua de Trujillo.

Su actuación en América le valió los títulos de conde de Cartagena de Indias y marqués de la Puerta. Nos ha dejado algunos artículos en descargo de las acusaciones que sobre su crueldad contra los hispanoamericanos le hicieron estos mismos.

Pero antes de adelantar acontecimientos, analicemos los hechos que condujeron a la caída de Cartagena en manos realistas y por qué la pérdida de esta hermosa y estratégica ciudad poseía para Bolívar una importancia militar de primer orden. Cartagena de Indias había sido uno de los centros más activos de difusión de las ideas revolucionarias, y desde el primer momento gran parte de su burguesía se adhirió al movimiento independentista. A orillas del mar Caribe y el río Magdalena, había sido un centro comercial colonial de primer orden y receptor de la flota de Indias. Su puerto, frecuentemente visitado por filibusteros y corsarios, continuaba siendo muy activo.

CAPÍTULO XVIII

LA CAÍDA DE CARTAGENA

El 23 de julio de 1815 llegó Morillo, con su expedición, y no desaprovechó ni un momento en tomar las precauciones necesarias para asegurar el éxito de sus operaciones. Habiendo resuelto comenzar por sitiar Cartagena, destacó dos columnas para despejar las riberas del Magdalena, reforzar a Mompox y ocupar Ocaña y Antioquia. Al mismo tiempo, dio órdenes al coronel Morales —brazo derecho de Boves, sanguinario como éste— de marchar por tierra con la vanguardia, pasar el Magdalena, reconocer el terreno y recoger todo el ganado que encontrase a su paso, y hacerlo conducir a Turbaco, en donde se proponía efectuar la reunión con el resto de las divisiones.

Morales, en su marcha a Cartagena, encontró las poblaciones desiertas y muchas de ellas reducidas a cenizas. Los pocos habitantes que, para su desgracia, cayeron en su poder, fueron, como de costumbre en este inhumano jefe, tratados con la mayor crueldad y, muchos de ellos, pasados por las armas.

El 15 de agosto pasaron los realistas el Magdalena, por la parte de Soledad. Morillo, por su parte, marchó de Santa Marta el 17, desembarcando sin oposición el cuerpo principal el 23 en Punta Canoa y Galera Zamba, a corta distancia de Cartagena, cuyo sitio estableció de firme el 1 de septiembre.

En verdad, no estaba la plaza en estado de resistir al ejército relativamente fuerte que le amenazaba; porque no fue sino cuando se supo la llegada de la expedición a Santa Marta, que se tomaron, pero ya tarde, medidas enérgicas para abastecerla. Los habitantes del interior parecían inclinarse a ayudar a los invasores, más bien, que a correr el riesgo de perder la vida y sus propiedades con demostraciones infructuosas de celo en favor de una causa que sólo había producido la miseria y la guerra civil; y aunque los habitantes de la capital eran, en su mayoría, decididos partidarios del nuevo sistema y habían hecho desinteresados sacrificios para sostenerlo, sus tardíos ofrecimientos resultaron estériles.

Además, dentro de la ciudad había personas que por nacimiento, inclinación e intereses, favorecían a los realistas, a quienes prestaron luego activa cooperación. En vista de la escasez de víveres, fue muy impolítico de parte del Gobierno permitir que las mujeres y los hombres inútiles para el servicio permaneciesen dentro del recinto, no transcurriendo dos meses sin que se sintiesen los efectos de esta improvisación, tanto en la guarnición como en los habitantes. El hambre produjo sus crueles efectos de enfermedades y muerte, y como consecuencia natural en tales casos, la responsabilidad recayó sobre la primera autoridad.

Entonces, y debido a las coacciones de algunos de los mandos, se señaló al general Castillo como autor principal de la miseria de millares de habitantes, y como el recuerdo de los pasados acontecimientos estaba aún vivo en la memoria de los que habían sufrido a causa de ellos, sus enemigos se reunieron para arrebatarle el mando, que tantos sacrificios había costado al país. Así, el diecisiete de octubre fue depuesto, y por el voto de la guarnición obtuvo el general Bermúdez la honra de sustituirle en tan peligroso puesto.

Mientras la ciudad continuaba padeciendo toda suerte de privaciones y expuesta a los peligros consiguientes a un sitio, la situación del general Morillo no era, en realidad, mucho más halagüeña. Las tropas europeas, no habituadas al rigor del clima sufrían bajas considerables por las enfermedades, a pesar de las precauciones tomadas para evitarlas.

La obstinada resistencia de los independientes y el indomable valor que desplegaron en diferentes combates con los realistas, sorprendieron y exasperaron a Morillo. Todo punto importante se le disputaba con una tenacidad que habría hecho honor a las legiones más veteranas, y la flotilla independiente cumplió su deber con la más loable actividad, manteniendo a raya las cañoneras españolas y rechazándolas en algunos encuentros.

Al fin lograron los realistas forzar el paso del Estero, aunque a costa de numerosas bajas. A espalda del ejército sitiador, en el interior de la provincia y en el Magdalena, fueron más afortunados y más rápidos sus movimientos.

En noviembre, la situación de los sitiados tocaba al extremo de la miseria; todos los víveres se habían agotado; la carne de caballo y de mula, de asnos, perros, gatos y ratas, desde hacía algún tiempo había sido su único alimento, y aun éste se distribuía con tanta parsimonia, que el hambre de aquellos desgraciados, forzados por la necesidad a conservar la vida con tan repugnante y malsano alimento, apenas lograba aplacarse.

No ignoraba Morillo el estado de la ciudad, ni escatimaba medio alguno de empeorarlo, y con este objeto dispuso el ataque a Tierrabomba, cuya posición privaría a los sitiados de la pesca, único recurso que les quedaba. Para asegurar el éxito ordenó otro ataque simultáneo contra la Popa.

Dos españoles que habían desertado de dicho puesto el 9 de noviembre, le habían dado informes acerca de esta posición y el modo de llegar a ella, asegurándole que los soldados estaban tan extenuados, con las vigilias y el hambre, que no les sería posible resistir. Uno de los desertores había medido exactamente los fosos y parapetos, lo que facilitaba la construcción de las escalas del tamaño requerido para el asalto.

Todo estaba listo para la noche del 10 de noviembre; se emprendió el ataque, al abrigo de la oscuridad, por una columna, apoyada por un cuerpo de caballería, mandado por el teniente coronel Villavicencio. El capitán Maortua, que le secundaba, trepó bizarramente la colina y llegó hasta la meseta de la cumbre sin ser visto ni oído; ya se hallaba a doscientos pasos del foso, cuando le dio el «quién vive» un piquete que salía de ronda en aquel momento. Luego se cambiaron algunos disparos que alertaron al teniente coronel Carlos Soublette, que al instante puso a su gente sobre las armas y se aprestó a la pelea.

A pesar de haber fracasado la sorpresa, atacaron los realistas con denuedo, y dos de ellos, conocedores de la comarca, perecieron al saltar el foso, tropezando contra un puente construido aquella misma mañana. Maortua murió también, y el resto de la columna se retiró precipitadamente, dejando en el campo la tercera parte de su gente, entre muertos y heridos, además de algunos fusiles y las escalas. El ataque contra los barcos independentistas, fondeados en la bahía, no tuvo mejor resultado.

En la mañana del 12 fueron rechazados una vez más los realistas y compelidos a ampararse al abrigo de la infantería del coronel Morales; pero sufrieron, hasta el anochecer, un fuerte cañoneo. Al día siguiente se retiró la flotilla independiente y Morales se apoderó de Tierrabomba, que fortificó, quedando así, de hecho, cortadas las comunicaciones entre la ciudad y los castillos de Bocachica, a la entrada de la bahía, y los habitantes, privados de la precaria subsistencia que derivaban de la pesca. Alentados con el favorable resultado de esta operación, que hizo a Morales dueño de la bahía, quisieron probar fortuna atacando los castillos de Bocachica, pero salieron malparados del intento.

Los valientes defensores de Cartagena, cuya magnanimidad y heroica constancia eran dignas de mejor suerte, se

148

Bolívar, retratado en Quito a principios de 1829.

vieron reducidos a la desesperación. El ganado, los granos y otros comestibles se habían consumido, lo mismo que los cueros, papeles y hasta las más repugnantes sabandijas; ningún esfuerzo se omitía para conservar tan miserable existencia.

El Gobierno, de acuerdo con los habitantes, en vano había solicitado la protección del duque de Manchester, gobernador de Jamaica, ofreciendo reconocer la soberanía de Su Majestad Británica; tanta era su desesperación, si bien no entraba en las facultades del duque aceptar tal ofrecimiento. Quedaba una única esperanza: apelar a la generosidad del sitiador, mas, incluso rodeados como se hallaban de los peligros más terribles, como el hambre y las enfermedades tropicales, los defensores de Cartagena preferían ver morir a sus esposas e hijos a su lado y, no obstante, prefirieron un fin infinitamente peor, antes que rendirse al general español. Es posible que alguien concibiese la idea de la rendición, pero nadie se atrevió a proponerla siquiera.

A finales de noviembre, el Gobierno incitó a la gente inútil de la población a abandonar la ciudad. Unos centenares de mujeres y niños, acosados por el hambre y la desesperación, traspusieron aquellos muros queridos en busca de refugios y alimentos; pero la mayoría, sin alientos para soportar un solo día de marcha, perecieron al borde del camino o en medio de los espesos bosques.

Los primeros días de diciembre fueron espantosos; la guarnición no era más que una sombra de sí misma; los centinelas caían muertos en sus puestos y los oficiales no podían cumplir con el servicio; de vez en cuando aparecía en el horizonte una vela, mas solamente para burlar las experanzas de auxilio. Por último, el Gobierno, junto con los oficiales de la guarnición, resolvió evacuar la plaza.

Ya era tiempo: unos días más y no hubiera hecho falta tal resolución.

150

El ejército sitiador, aunque abastecido con abundancia de provisiones y mantenido por la colaboración de los habitantes de la provincia, estaba padeciendo todos los sufrimientos inseparables del servicio activo y de un sitio en un país cuyo clima era insoportable para los soldados recién llegados de Europa.

Las enfermedades hacían estragos en las filas, y si la ciudad hubiese podido sostenerse un mes más, todos los cuerpos de ejército europeos no habrían resistido aquellas inclemencias del lugar. Tanto es así, que al comienzo de la campaña, la división de vanguardia, compuesta casi exclusivamente por americanos, fue siempre empleada dondequiera había peligro o un trabajo duro y penoso, que los europeos eran incapaces de resistir.

El general Morillo, a pesar de su actividad y de la confianza que le animaba, comprendió que la obstinación de los patriotas tendría graves consecuencias, y aunque al principio había resuelto no hacerles intimación alguna, e incluso lo había comunicado así a su gobierno, tuvo que retractarse de su propósito, y dirigió al gobernador una carta en que, evitando cuidadosamente proponerle condiciones de capitulación, le daba a entender sobre la decantada clemencia del soberano y le manifestaba, a su vez, la emoción que había experimentado a la vista de las numerosas víctimas del hambre, que habían llegado a su campamento.

Mientras el general Morillo estaba entretenido intimando la rendición a la guarnición de Cartagena, ésta, seguida de unos dos mil habitantes de ambos sexos, hacía sus preparativos para abandonar la plaza, previa orden del gobernador militar.

Después de clavar los cañones del mejor modo que permitía el apresuramiento y la ansiedad de la resolución tomada, desfilaron las tropas a lo largo de la plaza, tristes y silenciosas, casi extenuadas, para embarcar. La Popa fue el último punto que se abandonó.

Las desgracias de los valientes defensores de Cartagena aún no habían llegado a su fin. Los transportes que los conducían eran pequeños, incómodos e improvisados. Además, tuvieron que pasar entre los fuegos cruzados de las baterías realistas, y repeler los repetidos ataques de la flotilla. El convoy, que se componía de dieciséis velas, ancló en Bocachica la noche del 5 de diciembre, con el fin de hacer aguada y recoger la guarnición de los castillos, parte de la cual tuvo que quedar en tierra. Aquella misma noche, los buques se hicieron a la mar, pero un fuerte chubasco los dispersó.

La mayor parte de aquella desafortunada emigración pereció después de sufrir las más horrendas privaciones... Algunos murieron en la costa inhóspita del Darién, otros en alta mar; mientras que muchos, tras luchar victoriosamente contra las olas, cayeron en poder de los realistas de Cartagena y Cuba para perder la libertad y la vida.

En la mañana del 6 supo Morillo la evacuación de la ciudad y las medidas tomadas por el virrey Montalvo, el cual le había acompañado durante el sitio, para ocuparla con las tropas de vanguardia. Morillo decidió hacer su entrada aquel mismo día.

En su relación oficial al ministro de la Guerra, relató el estado de la plaza de la siguiente forma:

> *La ciudad presentaba el espectáculo más horrible, las calles estaban sembradas de cadáveres insepultos que infectaban el ambiente, y la mayor parte de los habitantes morían materialmente de hambre.*

Podía haber añadido que el desaliento y el terror estaban tristemente impresos en aquellos semblantes, y que la desesperación les impedía arrojarse a los pies de los soldados realistas, al desfilar por las calles, para pedirles un mendrugo que llevarse a la boca. Dicho sea en justicia, y para honra del

152

ejército español, las súplicas no fueron vanas; ya que hasta los soldados rasos compartían sus ranchos con aquellos infelices consolándolos en su desgracia.

El general Morillo puso en práctica las medidas más humanitarias y eficaces a fin de aliviar la suerte de aquella población hambrienta, y se mostró solícito en atender a sus más urgentes necesidades. Es muy grato, en medio de los horrores de la guerra, poder registrar rasgos de esta naturaleza.

Muy distinta, en cambio, fue la conducta del bárbaro y sanguinario Morales. El y sus soldados se empaparon con la sangre de aquellos indefensos habitantes, que la suerte de la guerra había puesto en sus manos. Los infames verdugos olvidaron o despreciaron por completo los lazos sagrados que los unían con sus víctimas. Nada les importaba que la sangre que derramaban fuese la misma que corría por sus propias venas y que la América fuese su patria común.

Viendo Morales la dirección que había tomado el convoy, se dirigió a Bocachica y ocupó los castillos, en donde encontró a tres oficiales y sesenta soldados que no habían podido embarcarse. Todos ellos fueron bárbaramente asesinados en el acto, so pretexto de haber fusilado los independentistas a dos españoles antes de evacuar la fortaleza.

Al día siguiente invitó a los desdichados vecinos del pueblo, que al aproximarse él habían huido a los bosques inmediatos, a volver a sus hogares y a sus habituales ocupaciones, ofreciéndoles toda suerte de garantías. Confiados en la promesa hecha, y buscando el reposo y la tranquilidad que tanto ansiaban, se presentaron al inhumano Morales, el cual mandó que fuesen pasados a cuchillo inmediatamente; más de trescientas víctimas se inmolaron en aquella ocasión.

CAPÍTULO XIX

BOLÍVAR, EN HAITÍ

Sabedor de la pérdida de Cartagena, Bolívar cambió de rumbo y navegó hacia Haití, resuelto a buscar la protección del jefe de la parte republicana de aquella isla.

Durante su residencia en Jamaica, había tenido noticia de los sentimientos de Petión en favor de los que luchaban por independizarse y del generoso interés que tomaba por esta causa; no obstante, vaciló antes de resolverse a adoptar un partido, que por mucho que conviniese a sus planes —la separación de Venezuela de España—, no carecía de peligros en el porvenir.

Los hubiera evitado de buena gana; pero en la apremiante situación actual no le quedaba otro camino que volver a Jamaica a arrastrar una vida miserable, indigna de las glorias de su patria, penosa para su propia dignidad y onerosa para los amigos, de cuya benevolencia tendría que subsistir. Ante esta idea se rebeló su noble orgullo.

Los recientes acontecimientos en Francia, que habían privado a Napoleón de su trono y libertad, disiparon las pocas esperanzas de auxilio que habían halagado a algunos de los hombres prominentes de América, y que tanto el Gobierno de Venezuela como el de Nueva Granada llegaron a concebir.

Las demás potencias continentales de Europa, o no querían o no podían auxiliar a las colonias sublevadas, ni favorecerlas en sus heroicos esfuerzos. Gran Bretaña, satisfecha de la gran influencia que estaba llamada a ejercer en el continente sudamericano, no creyó llegado todavía el tiempo de alentar a los independentistas, ni de darles la ayuda que en día no lejano debería inclinar la balanza en favor de éstos. Y Estados Unidos había mostrado durante la lucha una fría indiferencia en cuanto al éxito de la contienda.

Después de muy profundas y serias reflexiones, Bolívar se decidió por fin a reunir a los fugitivos de Cartagena, dándoles cita en Puerto Príncipe como punto de asamblea, desde donde abrirían operaciones contra Costa Firme. Allí por lo menos podían contar con un asilo seguro contra la persecución de los españoles.

En Haití se les hizo el recibimiento más lisonjero, no sólo a Bolívar, sino a muchos de sus otros compatriotas y familias enteras que se habían refugiado allí, huyendo de las venganzas de los realistas. En aquella isla hospitalaria fueron todos generosamente tratados, tanto por los habitantes como por las autoridades de Puerto Príncipe, entre ellos, el presidente Petión.

Se dieron fiestas en su honor. Esta nación de esclavos sublevados que batió Rochambeau, veía con simpatía toda tentativa de sublevación contra los europeos. Petión ofreció a Bolívar un considerable número de fusiles, toneles de pólvora y granadas.

El 6 de febrero de 1816 llegó a Cayes un buque que había podido burlar la vigilancia española y en el que iban todos los jefes supervivientes de Cartagena: Piar, Mariño, Bermúdez, el escocés MacGregor y algunos otros.

Bolívar expuso un plan de ataque a Venezuela por el lado oriental, tomando como base la isla Margarita, que continuaba resistiendo a los realistas.

El Libertador fue investido entonces de todos los poderes civiles y militares.

El 3 de mayo, el ejército patriota, que comprendía más oficiales superiores que soldados, ancló ante la isla Margarita. Los isleños, dotados de un corazón admirable, habían previamente rechazado dos ataques de Morillo.

Tras quince días de preparativos, Bolívar levó anclas y puso sitio a Curapaño, que cayó fácilmente.

Piar y Mariño se encargaron de reclutar al mayor número de hombres posible. Los esclavos fueron liberados, cosa que no fue muy del agrado de los grandes propietarios, pero se trataba de levantar un ejército por todos los medios posibles.

Por su parte, Soublette, que se había aventurado con un débil contingente por los valles de Aragua, fue derrotado por Morales.

Bolívar ordenó cargar todas las municiones en los buques. Una noche le comunicaron que había sido avistada una flota enemiga.

Con gran decisión se hizo a la mar e intentó fondear en Asunción, en la isla Margarita, pero fue sorprendido por una gran tempestad en alta mar, viéndose, además, perseguido por una importante escuadra enemiga. Tras lograr retirarse, volvió a Haití, desembarcando en Puerto Príncipe.

Arismendi, entretanto, que continuaba defendiendo la isla Margarita, le suplicó que acudiese en su socorro. Bolívar compró doce mil fusiles y llegó a la isla el 28 de diciembre de 1816.

La situación volvía a ser alentadora.

Piar, cuyo ejército se elevaba a la sazón a mil quinientos hombres, se dirigió hacia la Guayana, tras haber sometido a su paso la provincia de Barcelona*.

---

* Manuel Carlos Piar (1782-1817) era un mulato holandés, natural de Curaçao. Recibió cierto grado de educación y se dedicó al comercio, que abandonó al estallar en Caracas el movimiento revolucionario de 1810 para alistarse en las filas de los insurgentes. Tras la capitulación de Miranda, pudo ponerse a buen recaudo. En 1813, a las órdenes de Mariño, mandó una escuadrilla de rebeldes. Tras la derrota de La Puerta en 1814, hizo caso omiso de la autoridad de sus jefes Bolívar y Murillo y empeoró la situación de los sublevados mientras Bolívar y Mariño tenían que embarcar para Cartagena de Indias. Refugiado en las Antillas en 1816, intervino junto a Bolívar en la expedición de Haití. De nuevo en Venezuela, batió a Morales, lugarteniente y sucesor de Bobes, en el Juncal. Actuando

También MacGregor, a la cabeza de trescientos jinetes, había recorrido doscientas leguas, saliendo bien librado del general Morales, habiéndole causado numerosas bajas.

Mariño, por su parte, había tomado algunas aldeas costeras.

Sin embargo, el mejor acontecimiento fue el reclutamiento de llaneros por el general Páez. Mal recompensados por los españoles, muchos habían regresado a las llanuras. Entonces, Páez tuvo la idea de sumarlos a la causa republicana.

Páez, hijo del pueblo, poco instruido pero de una bravura y una fuerza que causaba sensación en Venezuela, era el único que podía influir sobre los llaneros. Estos extraordinarios jinetes, acostumbrados desde la infancia a domar potros salvajes, armados de lanzas para proteger el ganado de las bestias feroces, iban a convertirse, bajo las órdenes de Páez, en una de las más temibles unidades del ejército venezolano.

Indios y mestizos, incivilizados y endurecidos por una vida penosa, formaban un solo ser con sus caballos. Su lanza larga y ligera remataba en un gran cuchillo cuidadosamente afilado.

Las cargas de estos lanceros eran irresistibles, pero era preciso tener un puño de hierro para disciplinarlos.

Páez llegó a obtener tal respeto de esos hombres que obtuvo de ellos sorprendentes resultados.

Entretanto, Morillo iba poco a poco conquistando la Nueva Granada.

Y Bolívar le dio la réplica apoderándose de la Guayana.

---

por su cuenta, derrotó al general La Torre en San Félix (1817). Reconciliado aparentemente con Bolívar, revolucionó a sus hombres, intentando provocar una guerra racial. Bolívar ordenó que compareciera ante él, pero se negó y no tuvo más remedio que combatirle. Hecho prisionero, un tribunal en Angostura le condenó a muerte, sentencia que sufriría el 16 de octubre de 1817. Tan duro castigo ha caído sobre la responsabilidad de Bolívar, aunque se admite que no tuvo más remedio, antes que desencadenar una guerra civil entre los independentistas que por entonces se hallaban en precarias condiciones frente a los realistas.

CAPÍTULO XX
LA TRAICIÓN DE PIAR

Gracias a la ayuda de Madariaga, que era un incorregible valentón fugado de las prisiones de Cádiz y además canónigo, Mariño instituyó, en ausencia de Bolívar, un gobierno federal.

Mariño se nombró a sí mismo jefe militar y envió a Bolívar un mensajero para que acudiese a reconocer el nuevo triunvirato. Bolivar no quiso reconocer nada y alegó que tampoco tenía tiempo para ir hasta allá.

Dos semanas más tarde, todos los planes de Mariño habían quedado arruinados, y sus seguidores acabaron por burlarse de él. Pero Piar, descontento de la gran importancia de Bolívar y de los tratos recibidos por su actitud inactiva ante Angostura, se rebeló abiertamente y no quiso obedecer más que a Mariño.

Cuando Bolívar le mandó llamar, Piar ya había huido. Entonces fue enviado en su persecución el general Cedeño, con orden de traerlo vivo o muerto. Fue el propio Bolívar quien tomó el mando de las operaciones y al final Piar fue detenido y llevado a Angostura, ante Bolívar, el cual ordenó su encarcelamiento.

Se reunió un consejo de guerra y Piar ni siquiera intentó defenderse. Estaba acusado de querer dividir el ejército liberador bajo pretexto de odios raciales, a fin de hacerse él solo con el poder.

Por unanimidad fue condenado a la pena capital. Y fue fusilado de madrugada. Bolívar asistió a la ejecución y dirigió un discurso a las tropas:

«Este es día de luto para mi corazón. Pero el general Piar fue un traidor y un desertor. Un tribunal justo y legalmente constituido ha pronunciado la sentencia de muerte.

El general Piar prestó grandes servicios, pero se convirtió al fin en un gran peligro para la República.

Hemos roto los hierros de vuestra esclavitud, y no ha de poder decirse que ninguno de nosotros atente contra la libertad común.

Yo he compartido vuestras desgracias y vuestros peligros, así como también he asistido a vuestros triunfos.

¡Contad conmigo y estad persuadidos de encontrar siempre en mí tanto amor como si fuese vuestro padre!

La muerte de Piar fue una medida necesaria, a causa del comportamiento ambicioso de algunos generales valientes pero con inteligencia más que mediocre y, no obstante, fue una decisión muy penosa para Simón Bolívar, que soñaba en liberar a su país mediante la sensatez y la suavidad y no con la violencia y la muerte.

Aquel mismo año Bolívar, en cierta ocasión, instaló su Estado Mayor en una granja llamada «El rincón de los toros». Un destacamento enemigo fue informado de ello por un desertor, e intentó sorprender a Bolívar en plena noche.

Conocedores del santo y seña, una docena de soldados llegaron hasta la granja y hallaron al coronel Santander que, engañado por la oscuridad, les preguntó qué deseaban.

—Buscamos al general en jefe.

Santander llamó a Bolívar, pero éste, que ya estaba despierto y prevenido por el sexto sentido que solía exhibir en los momentos de peligro, saltó a su caballo. Los españoles

En los últimos meses de su vida, diversas afecciones llegaron a desfigurar su rostro.

disparararon y el caballo quedó malherido. Bolívar, viendo que varios soldados suyos corrían hacia él, se puso a su frente y logró dar muerte al coronel enemigo que comandaba el destacamento. Pero los soldados de Bolívar al ver a éste pie en tierra, y al caballo cubierto de sangre, moribundo, se sintieron presa del pánico y huyeron. Con lo que Bolívar tuvo que hacer frente él solo a los enemigos, tratando de reunir refuerzos en aquella noche, disparando contra no sabía quién, y ayudado sólo por Santander.

Mariño se rinde

El 26 de febrero de 1818, en Cumamá, Mariño, que aunque muy indisciplinado tenía buen talante, reconoció al gobernador de Angostura y pronunció un discurso dirigido a sus tropas, exigiéndoles plena obediencia al Libertador, de quien deseaba ser un súbdito fiel y leal.

Bolívar, por su parte, agobiado por unas fiebres perniciosas, se vio obligado a aplazar su expedición contra Nueva Granada. Su médico le había ordenado un descanso prolongado antes de iniciar la campaña, prohibiéndole abandonar su habitación al menos en quince días.

Santiago o Diego Mariño, nacido en la isla Margarita en 1788, en el seno de una familia acomodada, se granjeó el favor del omnipotente ministro de Carlos IV, Manuel de Godoy. Su entrada en la guerra de emancipación del lado de los insurrectos la motivó el gobierno tiránico de Monteverde que no sólo no cumplió el armisticio estipulado con Miranda, sino que implantó desde Caracas una férrea dictadura y no siguió la orden enviada desde España de acatamiento a la Constitución gaditana de 1812, aplicando la más feroz ley de la conquista, cosa que los venezolanos contestaron, al igual que con el propio Bobes, con la «guerra a muerte».

162

Mariño reunió entonces un grupo de patriotas en la isla de Trinidad, entre los que sobresalían Bermúdez, Sucre y Piar, que desgraciadamente terminaría, como hemos visto, ante un pelotón de ejecución. El grupo embarcó en dos piraguas y marchó a una finca suya de Güiria en donde se le añadieron algunos antiguos esclavos, constituyendo el batallón que se denominó Guardia del General y que día a día fue creciendo con la militancia de nuevas gentes. Con él expulsó a los realistas de la región de Oriente e incluso entró victorioso en Caracas.

Tras la derrota de Bolívar en Aragua (1814) unió a él sus fuerzas y embarcaron para Colombia. Teniente de Bolívar, le crearía varios conflictos por su carácter díscolo y su deseo de mando. Volvió a Venezuela y una serie de derrotas al intentar montar una campaña por su cuenta le dejaron casi sin hombres (1817). Generoso, Bolívar volvió a admitirlo bajo sus banderas, tal como hemos tenido ya ocasión de referirnos a ello.

Sosegado Mariño, a principios de 1818, Bolívar va a contar con un nuevo y decisivo refuerzo, el del general Páez, que había mantenido la bandera de la independencia en los Llanos que antes fueron patrimonio del terrible Bobes. El propio Páez nos ha dejado el relato de la primera entrevista:

Hallábase Bolívar entonces en lo más florido de sus años y en la fuerza de la escasa robustez que suele dar la vida ciudadana. Su estatura, sin ser procerosa, era, no obstante, lo suficientemente elevada como para que no la desdeñara el escultor que quisiera representar a su héroe; sus dos principales distintivos consistían en la excesiva movilidad del cuerpo y en el brillo de los ojos, que eran negros con mirar de águila, circunstancias que suplían con ventaja a lo que a la estatura faltaba para sobresalir sobre sus acompañantes. La tez, tostada por el sol de los trópicos, conservaba, no obstante, la limpidez y lustre que no habían podido arrebatarle los rigores de la intemperie.

Nacido en Acarigua en 1790, José Antonio Páez llegaría a ser el primer presidente constitucional de Venezuela en 1830, contribuyendo a la disolución de la Gran Colombia, el sueño dorado de Bolívar. Por dos veces más alcanzaría la más alta magistratura venezolana en 1839-43 y en 1861-63. Tras una política dictatorial dimitió y se exilió en los EE.UU., falleciendo en Nueva York en 1873. Algunos biógrafos han dicho que fue «un buen guerrillero, un mediocre general y un mejor político».

CAPÍTULO XXI
EL PASO DE LOS ANDES

De manera indudable, fue ésta una de las mayores hazañas de Simón Bolívar. El día 21 de enero de 1819, se señaló en Angostura la llegada de dos buques bajo pabellón británico.

Eran el *Perseverance* y el *Tartare*, que transportaban un cuerpo de voluntarios ingleses que, a las órdenes de un coronel, iban a ponerse a disposición de Bolívar para combatir a su lado.

Bolívar formó con estos nuevos reclutas una legión especial, tomando en su Estado Mayor a algunos oficiales, entre los cuales se contaba el irlandés O'Leary, que llegó a ser su ayudante de campo y el autor de la mejor y más fidedigna biografía de Simón Bolívar, o cuando menos sus notas sirvieron al hijo de O'Leary para compilarla.

Pese a lo poco propicio de la estación, Bolívar envió a Nueva Granada a Santander, mejor abogado que militar, con la misión de unificar a los guerrilleros del Sur y difundir por todas partes rumores aptos para reanimar el valor de los granadinos. Santander debía propagar que Morillo había sido derrotado, que habían muerto 20.000 españoles, que el ejército republicano asolaba cuanto se hallaba a su paso, que España estaba acorralada por los gastos y las pérdidas excesivas que le ocasionaba la guerra, y que sólo ansiaban ya la paz, que estaba muy cercana. Los soldados granadinos debían unirse a los venezolanos y pronto, en el suelo liberado, no quedaría un solo español.

Bolívar, presidente de la República

Bolívar renunció entonces a sus funciones dictatoriales con el pretexto de que no podía ocuparse a la vez de los asuntos civiles y militares y reclamó la elección de un presidente y un vicepresidente.

Por unanimidad fue él elegido presidente de la República, mientras que el vicepresidente Zea se ocuparía de la administración en ausencia del Libertador.

Morillo, por entonces, atravesó el río Apure con todo su ejército. Paéz le seguia, evitando, no obstante, un encuentro formal, aunque sin dejar de acosar a los españoles, haciéndoles caer en emboscadas, dividiéndolos y causando el mayor número posible de bajas.

En Queseras del Medio, con 150 llaneros, Páez se presentó ante el enemigo y dando bruscamente media vuelta, como si huyese, hizo que los españoles le persiguiesen. Cuando Páez alcanzó a su caballería, que le aguardaba, hizo una señal y se revolvió contra los perseguidores, lanza en ristre. Los españoles ni siquiera tuvieron tiempo de ponerse a la defensiva, siendo aplastados por el huracán de los llaneros.

La victoria costó solamente seis heridos, mientras que los españoles dejaron cuatrocientos muertos.

El camino de los Andes

Bolívar reunió un consejo de guerra y demostró la necesidad de atacar Nueva Granada en un momento del año en que nadie pudiera sospecharlo. Santander había regresado ya de su misión y en todas partes aguardaban impacientes al Libertador.

Bolívar se puso en camino el 26 de mayo de 1819, a la cabeza de 1.300 soldados de infantería y 800 de caballería. No anunció al momento la dirección a seguir, puesto que conocía el miedo de los campesinos de los llanos a las regiones montañosas.

Bolívar encontró menos resistencia en las tropas de la que había esperado. La mayoría de sus hombres estaban contentos de tener algo que hacer otra vez. Eran jóvenes y despreocupados por sus vidas.

El ejército no se dirigió hacia Cúcuta, como Bolívar había hecho creer a su gente, sino hacia las llanuras de Casanare. El 11 de junio Bolívar se encontró con Santander, que era uno de los generales más jóvenes del ejército. Al igual que el Libertador, pertenecía a la aristocracia criolla.

Bolívar ordenó un descanso de tres días, que aprovechó para ordenar las tropas. Él mismo tomó el mando, mientras Soublette conservaba la jefatura del Estado Mayor. Pasados los tres días, se reinició la marcha.

El ejército marchaba a menudo con agua hasta la cintura, y mientras avanzaba iban construyendo balsas con troncos de árboles unidos por lianas, progresando mediante pértigas.

El 12 de junio llegaron ante los Andes. El paso de los elevados montes debía ser más penoso aún que el realizado anteriormente por Bolívar en el Magdalena.

Muchos llaneros jamás habían visto la cordillera, y algunos incluso ignoraban que existiese. La sorpresa iba en aumento, puesto que las montañas eran cada vez más altas. Y comenzaron las deserciones. Los caballos resbalaban en las rocas, los mulos se doblaban bajo la carga. Una llovizna muy fría caía sin cesar. Los hombres morían de disentería, faltos de cuidados. Bolívar, muy confiado y con gran sinceridad, les hablaba a los soldados del magnífico país al que iban a llegar, describía sus riquezas y el recibimiento cordial de sus habitantes. Y ante él, nadie se atrevía a lamentarse.

El Libertador estaba siempre en medio de su gente. Después de una larga marcha se le veía generalmente trabajando con los caballos y las mulas o ayudando a descargar. Hubo muchos días en los que las tropas no tenían nada para comer, pero la frugalidad de los llaneros les ayudó a resistir todas las vicisitudes.

El 27 de junio tomaron un puesto avanzado español. La guarnición no soñaba siquiera en un ataque, y el éxito obtenido levantó la moral de los soldados de Bolívar.

El Libertador iba eligiendo los caminos más impracticables, seguro de que estaban menos defendidos.

No se veía una sola casa, ni una luz, era imposible encender fuego debido a la insistente lluvia, y en medio de todas estas penalidades, avanzaba un ejército casi desnudo procedente de las cálidas llanuras de la Guayana.

Muchas mujeres seguían a sus maridos y una noche, en un alto, una de ellas sintiose presa de los dolores del parto. Se le levantó una tienda. Bolívar la visitó felicitándola por su coraje. Al día siguiente, el ejército reanudó la marcha, llevando la mujer, que montaba en un carromato, a su hijito en brazos.

La llegada de Bolívar a Nueva Granada causó un efecto maravilloso. Los españoles no comprendían cómo Bolivar y sus hombres habían franqueado la cordillera de los Andes. Los habitantes, hartos del yugo español, aportaron a los venezolanos municiones y víveres. Al cabo de tantas fatigas y privaciones, el desaliento estaba olvidado y centenares de campesinos se unieron al Libertador.

El 10 de agosto, Bolívar efectuó su entrada en Santa Fe de Bogotá, abandonada en el mayor desorden por los españoles.

Bolívar confiscó todas las propiedades enemigas y halló en el tesoro particular del virrey más de 600.000 piastras. Con este dinero logró al fin organizarse y distribuir las pagas y algunas recompensas a sus victorioso soldados.

CAPÍTULO XXII

FUNDACIÓN DE LA REPÚBLICA DE COLOMBIA

Todas las poblaciones acudieron cargadas de víveres y obsequios para el Libertador.

Bolívar pasó bajo arcos de triunfo. La gente hacía largas caminatas para poder tocar sus ropas. Los soldados, olvidadas las fatigas del paso de los Andes, comprendiendo finalmente el genio de su jefe, estaban dispuestos a dar la vida por él.

Bolívar pregonaba en todas partes las buenas relaciones entre Nueva Granada y Venezuela. Eran dos pueblos hermanos y los venezolanos se limitaban a pagar su deuda, pues el presidente Torices no había dudado, por su parte, en intentar la liberación de la provincia de Caracas.

El Libertador estableció posesiones, con el dinero abandonado por los españoles, para todas las víctimas civiles de la guerra y las viudas de sus soldados.

Santander fue nombrado vicepresidente de Bogotá.

Bolívar prosiguió su victoriosa marcha, pero las noticias que recibió de Angostura le obligaron a dirigirse a aquella ciudad, tras confiar su ejército a Anzoátegui.

En Angostura había conspiraciones. El Congreso estaba inquieto ante lo que llamaba la desmedida ambición de Bolívar, reprochándole haber abandonado Venezuela para ir en busca de glorias y triunfos en tierras lejanas. Incluso se le llamaba «traidor» en voz baja.

Con una pequeña escolta, Bolívar volvió a recorrer mil quinientos kilómetros y, al llegar, sin descansar ni un instante, se presentó al Congreso.

—Aquí me tenéis —declaró—. El enemigo ha sido vencido en todas partes y toda la provincia de Santa Fe se encuentra ocupada por nuestros hombres. He perseguido a los realistas hasta sus últimos atrincheramientos y todo el pueblo granadino se ha levantado en nuestro favor. La victoria nos sonríe. ¿No os basta esto? Pronto no habrá un solo realista en Tierra Firme. ¡Si alguien ha de hacer alguna observación, que la haga y diga qué es lo que me reprocha!

Los soldados de Bolívar, mientras tanto, habían propalado por toda la ciudad las hazañas del Libertador y la muchedumbre estaba reunida ante el Congreso, reclamando su presencia y aclamando su nombre. Ni un solo congresista le reprochó nada a Bolívar, y cuando éste se asomó al balcón fue recibido con un entusiasmo indescriptible.

Bolívar se volvió hacia los diputados y sólo dijo:

—Ahora, a trabajar.

Poco después, el Congreso decretó la fundación de la República de Colombia, constituida del siguiente modo:

Venezuela: presidente, Simón Bolívar.
Nueva Granada: vicepresidente, Santander.

Zea saldría lo antes posible para Europa con la misión de hacer que las grandes potencias reconociesen al nuevo Estado y también para negociar un empréstito con Inglaterra.

José de Sucre, el joven coronel tan íntegro y competente, el único en cuya honradez Bolívar tenía plena confianza, fue el encargado de ir a las Antillas con una importante suma de dinero aportada por Bolívar para comprar armas.

Simón Bolívar aún regresó a Bogotá. El general Anzoátegui había fallecido a causa de una herida, y Bolívar, al llegar allí, se enteró de la ejecución del jefe español Barreiro. Le pidió explicaciones a Santander, pues Barreiro era un general que había luchado siempre lealmente.

Santander manifestó que había obrado así a causa de la opinión pública, irritada por la muerte de una joven patriota de dieciocho años de edad, fusilada en Cartagena por orden del virrey Semano.

Los habitantes de Bogotá no habían olvidado la valerosa muerte de Pola Salvatierra, que no quiso entregar a los enemigos los documentos que le llevaba a su prometido. Los granadinos exigían una venganza que Santander no pudo negar, aunque lamentando que la víctima hubiese sido Barreiro, cuyo fin resultó emocionante. El general español, que amaba en secreto a una mujer republicana, encargó al comandante del pelotón de ejecución que entregase un retrato a dicha mujer junto con una carta en la que le expresaba su sentimiento por haber tenido que combatir contra los patriotas y manifestando que su muerte sirviese al menos para apresurar la paz.

Morillo, el general en jefe español, manifestó el deseo de entrevistarse con Bolívar para tratar sobre la situación de ambos bandos contendientes. La fecha de la entrevista fue el 27 de noviembre, en la aldea de Santa Ana.

Morillo llegó el primero, seguido de su Estado Mayor y un escuadrón de húsares. O'Leary, ayudante de campo de Bolívar, le salió al encuentro.

—¿Ve usted —le preguntó Morillo—, en mi séquito a algún oficial que no le guste al presidente? ¿Va a venir con una escolta superior a la mía?

—No veo —dijo O'Leary— ningún oficial odiado por el Libertador. Además, el presidente no llevará más que a diez de los suyos.

—En este caso es más generoso que yo —reconoció Morillo, y despidió a sus húsares.

Cuando llegó Bolívar, ambos jefes se apearon del caballo y se dieron un cordial abrazo. El español llevaba uniforme de gala. El venezolano, una levita vieja y raída.

Se había dispuesto una modesta comida en la casa más cómoda de la aldea. Los dos rivales se sentaron uno frente al otro y charlaron durante todo el día, haciéndose mutuos cumplidos sobre su valor y tenacidad. Pasaron la noche bajo el mismo techo, para vengarse, dijeron, de todas las noches malas que mutuamente se habían dado.

Por la mañana, cuando Morillo se levantó, encontró ya a Bolívar dispuesto, que le esperaba a tomar café.

—Propongo —declaró Morillo— que se eleve una estatua en esta aldea en recuerdo del abrazo intercambiado y para que las generaciones futuras tengan presente que los odios personales y los rencores nacionales deben olvidarse ante la sinceridad y la lealtad.

Los oficiales trajeron una gran piedra que fue colocada delante de la casa. Esta piedra y el monumento aún subsisten en Santa Ana.

Morillo, vencedor de Napoleón, y el más grande general de España en aquella época, estrechó la mano de Bolívar, que le había vencido.

Los dos hombres no volvieron a verse nunca más.

A continuación nos referiremos al último acto de la emancipación sudamericana continental. La independencia peruana. Curiosamente, ofrece el hecho de que durante gran parte de la guerra emancipadora fue este país el foco de resistencia española en Sudamérica; donde repercutió aquélla más tarde e igualmente donde se aplazó más su consumación. Se debió tal particularidad a estar regido por un virrey verdaderamente excepcional y dotado de férrea energía y grandes condiciones de mando y de gobierno. Por otra parte, la alta burguesía y nobleza peruanas, aunque deseaban la independencia, temían el estallido de las masas indias,

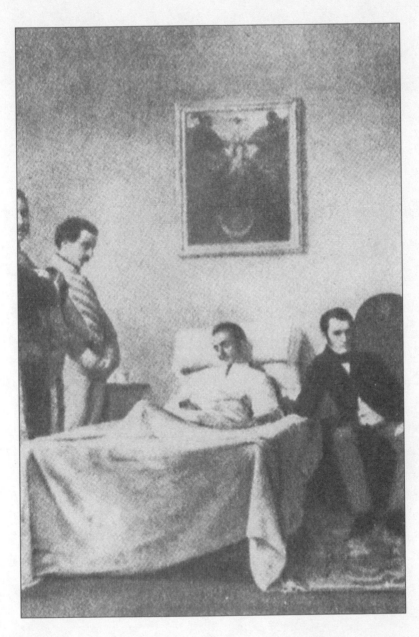

Bolívar dictando su último adiós al pueblo.

tal como había sucedido en el siglo XVIII con la sublevación de Tupac Amaru II, y que se convirtiera en lucha social
y de razas. Deseaban ser los criollos el elemento director
de la emancipación y por eso aguardaron su momento en
uno de los países más prósperos de Iberoamérica a comien-
zos del siglo XIX.

CAPÍTULO XXIII

LA LIBERACIÓN DEL PERÚ

Así, pues, el Perú fue el último pueblo que se sublevó contra los españoles, cosa que sólo hizo después de la liberación de Colombia por parte de Simón Bolívar. El general argentino San Martín había entrado en Lima el 12 de julio de 1821, y la independencia fue proclamada inmediatamente.

La liberación del Perú había planteado a San Martín un problema, ya que exigía la creación de una flota. Sin los buques de guerra patriotas, el poder español en el Pacífico seguiría siendo invencible. La organización de la flota chilena fue tarea de lord Cochrane, que había entrado al servicio de Chile en 1819.

El 23 de agosto de 1820 la flamante flota puso proa al Perú con unos cuatro mil quinientos hombres.

El momento parecía propicio, pues la revolución en España había conmovido hasta el espíritu monárquico de Lima. El virrey Pezuela había leído públicamente la Constitución liberal y había expresado sus deseos de ponerse en contacto con los jefes del movimiento emancipador.

La primera de las importantes conferencias en que españoles y argentinos discutieron el futuro de Sudamérica tuvo lugar en Miraflores en septiembre de 1820. San Martín expresó el deseo de reconocimiento de la independencia peruana y por su parte ofreció establecer una monarquía constitucional con un príncipe español como rey. La propuesta contó con el apoyo de mucha gente, pero la idea de la independencia del

Perú no agradaba al virrey español. Por lo tanto, las negociaciones se anularon y continuaron las hostilidades.

San Martín incitó a los habitantes de las montañas del Perú a rebelarse y, a la vez, sitiar Lima. Así, el virrey, al encontrarse sin ayuda, no tendría más remedio que capitular. El espíritu de rebelión se había extendido en el pueblo y también había acabado por afectar al ejército real. Los oficiales españoles depusieron a Pezuela y designaron, por su propia cuenta, a un nuevo virrey en la persona del general La Serna. Éste transitó por el mismo camino que había conducido al fracaso a su antecesor. Inició de nuevo negociaciones con San Martín, pero éste le exigió que se proclamase la independencia del Perú y se estableciera un nuevo Consejo de Regencia. Tampoco se llegó a ninguna conclusión.

Mientras tanto, La Serna había decidido explotar la resistencia a la independencia en el interior del país. Así, dejó una importante guarnición en la fortaleza de El Callao y concentró su ejército en las sierras. Lima fue entregada y San Martín entró en ella el 9 de julio de 1821.

San Martín tomó el título de Protector y mientras estuvo en la ciudad no se produjo ningún desorden. Con gran energía, no se dejó influir por ningún político, pero cansado de las campañas rápidas y peligrosas realizadas, presentó la dimisión. Fue entonces cuando se encontró con Bolívar.

Una vez hubo marchado San Martín, la anarquía reinó en el Gobierno. Los españoles lo aprovecharon y, tras reorganizar su ejército, emprendieron la ofensiva. Para resistirles, el Gobierno peruano estableció un triunvirato que carecía de autoridad. En el pueblo reinaba la miseria, pero el Congreso no se ocupaba de tal cosa, como tampoco parecía emocionarse mucho ante el avance del ejército español. Sólo le interesaban las cuestiones políticas.

Y no aceptó la ayuda de Bolívar. Las tropas peruanas derribaron el triunvirato y eligieron a un presidente que envió un llamamiento a San Martín, quien respondió despreciativamente. El presidente fue sustituido por Torre Tagle, el cual, en connivencia con un ministro, hizo proposiciones a España. Su traición era natural en aquel Gobierno sin fe.

Entonces San Martín le escribió a Bolívar:

> *Proteged a ese desdichado pueblo. Sólo vos, Bolívar, podéis salvarlo de su locura. El mismo Dios se vería sin fuerzas, pero yo os conozco y confío en vos.*

Sin embargo, los españoles recuperaron Lima y sólo entonces el Gobierno huido suplicó a Bolívar que intercediese.

Manuela Sáenz

La esposa de un médico inglés de Quito, llamado James Thorne, abandonó a éste para seguir a Simón Bolívar, al que amaba. Recuperó su nombre de soltera, Manuela Sáenz, y se convirtió en la amante del Libertador. En 1822 contaba veinticinco años de edad.

Manuela había nacido en Quito en 1797. Su padre, Simón Sáenz de Vergara, un noble español, había llegado a Quito en busca de fortuna, casándose con una mujer de rango que le dio cuatro hijos. Pasado algún tiempo, Simón quedó prendado por una hermosa ecuatoriana de ascendencia española, María de Aizpuru, y fruto de esa relación nació Manuela.

La infancia de Manuela había transcurrido durante los primeros años de la revolución. Había huido al campo con los otros. Entonces aprendió las pocas artes que practicaban las criollas, el bordado y la confección de dulces, pero también a montar, a arrojar una lanza y a disparar. Su carácter era una rara mescolanza de rasgos femeninos y masculinos. Pronto se convirtió en el centro de la atracción, pues la naturaleza la había dotado convenientemente.

Sin embargo, a los diecisiete años entró en el convento de Santa Catalina. Una vez al mes se le permitía ir a la casa materna y asistir a misa fuera del convento. Y en una de esas ocasiones inició un amorío con un joven oficial. Éste le envió cartas por intermedio de las criadas negras, y Manuela, finalmente, decidió fugarse con él. No obstante, este primer amante —si es que fue realmente el primero—, la abandonó pronto.

La familia la envió de nuevo al convento, pero se decidió que lo mejor para ella era casarla pronto. Se la desposó con un médico inglés residente en Quito. Por ese entonces Manuela tenía veinte años y su esposo cuarenta. La unión no fue muy satisfactoria, pues Manuela no sintió más que amistad por su marido.

Thorne decidió trasladarse a Lima con su esposa. Y durante los tres años que pasaron allí, Manuela fue testigo de la conquista de Lima por San Martín y de la rebelión del Perú.

Pasados aquellos tres años, regresaron a Quito. Llegaron al mismo tiempo que el victorioso ejército de Sucre entraba en la ciudad. La noche en que fue presentada a Bolívar, a éste le pareció, como a todos los hombres, la mujer más hermosa que había conocido.

Con todo, los encantos de Manuela obraron despacio. Al principio pareció una aventura pasajera. Luego se convirtió en su secretaria y poco después en la depositaria de sus secretos. Bolívar le confiaba sus informes.

Entonces, Manuela decidió abandonar a su marido para vivir con Simón Bolívar.

Cuando éste vivía en Bogota, estaba con Manuela, siendo entonces cuando recibió el llamamiento desesperado de los peruanos. Manuela no quiso abandonar a su amado, y se fue con él a la campaña.

El ejército era poco numeroso, pero estaba formado exclusivamente por veteranos en los que Bolívar tenía puesta toda su confianza. Le precedía Sucre, convertido en su mejor general, y cuyas admirables cualidades tan bien conocía*.

Sucre derrotó al general español Canterac y Bolívar entró en Lima sin disparar ni un tiro. Pero la situación era grave.

Era sabido que los españoles estaban formando un cuerpo de ejército de más de 70.000 hombres. En el erario republicano no había dinero. Nombraron dictador a Bolívar, y se celebraron grandes fiestas. Bolívar fue recibido como un dios. En las calles, bordeadas de jardines floridos, se paseó con Manuela, estando seguro de la victoria. No importaba que los españoles se preparasen para el ataque; no les temía, pues ya los había derrotado en otras ocasiones.

Lima era la ciudad más hermosa del Sur. Y Bolívar no se contentó con entregarse al placer solamente, y así, en compañía de Manuela, incansable como él, visitó las minas, creó una universidad, varias escuelas, y estuvo atento a los menores detalles de la administración.

Al final, su médico lo examinó atentamente y le prescribió el más completo descanso, convenciéndole de que debía abandonar aquella hermosa ciudad, de clima malsano para él. Le aconsejó que se retirase al campo, lejos de todo bullicio y de toda preocupación política o militar.

Bolívar, que se sentía ya agotado, comprendió que debía obedecer. Pero antes de marcharse dio una ojeada a la casa que iba a abandonar y sonrió, feliz al pensar que su recuerdo le seguiría adondequiera que fuese.

---

* Antonio José de Sucre y de Alda, nacido en Cumaná (Venezuela), en 1795 y fallecido en Pasto en 1830, fue el primer presidente de la República de Bolivia, tras su gloriosa victoria de Ayacucho (1824).

CAPÍTULO XXIV

LOS ÚLTIMOS DÍAS DE BOLÍVAR

Para Simón Bolívar no habían terminado aún los pesares y los sinsabores. El país estaba arruinado y el Libertador tenía muchos enemigos, especialmente en Norteamérica, nación que deseaba aprovecharse de la crisis de América del Sur para realizar en aquellos países pingües negocios, al socaire de defender las recién conquistadas libertades.

Bolívar, además, tuvo dificultades con Páez, que ansiaba adueñarse del poder en Venezuela y, finalmente, el Libertador tuvo que hacer frente a una conspiración de la que logró salir ileso gracias a la ayuda prestada por Manuela.

A raíz de esta conjura, fueron fusilados catorce conspiradores, y el general Santander, que formaba parte del complot, fue hecho prisionero. Más adelante, Bolívar le conmutó la pena de muerte a que había sido sentenciado, por la de destierro; después, Santander embarcó para Europa.

Bolívar, entonces, disolvió las logias masónicas, instigadoras del complot. Fue una de las pocas ocasiones en que Bolívar no se mostró magnánimo con sus enemigos.

Pronto Bolívar estuvo al límite de sus fuerzas. Estaba enfermo y agotado.

Fue el 1 de diciembre de 1830 cuando llegó a Santa Marta, y fue en casa del armador Mier donde le reconoció el médico francés, doctor Réverend.

Poco después, Bolívar dictó su testamento, en el que se despedía de su amado pueblo.

No tardó en perder el conocimiento, y su agonía duró hasta el 17 de diciembre, en que falleció el que con toda justicia era llamado El Libertador de Venezuela.

Toda América Latina rinde homenaje al Libertador con estatuas erigidas en muchas de sus ciudades.

CRONOLOGÍA

1756 — Nace Francisco de Miranda.

1759 — Se crea la milicia de los Valles de Araguas, siendo uno de los fundadores don Simón Bolívar, abuelo del Libertador.

1783 — Nace en Caracas, el 24 de julio, Simón José Bolívar.
— El día 30 del mismo mes es bautizado en la iglesia Metropolitana de Caracas.

1786 — Fallece el padre de Simón el 19 de enero.

1789 — Confían la tutoría de Bolívar a don José Miguel Sanz.

1791 — Simón regresa al hogar paterno con su madre.

1792 — Fallece la madre el 6 de julio.
— Bolívar es confiado al profesor Simón Rodríguez.

1796 — Se produce la conspiración de Manuel Gual en la que toma parte principal Simón Rodríguez, que es desterrado.
— Andrés Bello sustituye a Simón Rodríguez como maestro de Bolívar.

1799 — Simón Bolívar llega a España, desembarcando en Santoña, Bilbao.
— Viaja a Madrid.

1801 — Se enamora de la señorita María Teresa Rodríguez del Toro.

1802 — Contrae matrimonio con la hermosa María Teresa. El matrimonio se dirige a Caracas, donde se establece.

1803 — Fallece María Teresa, víctima de la fiebre amarilla, el 22 de enero.
— Simón Bolívar vuelve a España, desembarcando en Cádiz en diciembre.

1804 — Bolívar llega a París cuando se celebra la proclamación de Napoleón Bonaparte.

1805 — Junto con Simón Rodríguez, Bolívar viaja hacia Italia.
— Es recibido por el Papa.
— El 15 de agosto pronuncia el famoso juramento del Monte Sacro.

1807 — Embarca para América, llegando a Charleston el 1 de enero, de donde parte a La Guaria, pasando por Nueva York y Boston.

1810 — El 19 de abril es nombrado coronel del ejército real por la Junta de Gobierno.
— Sale en comisión para Londres, con Andrés Bello y Luis López Méndez.

1811 — El 5 de julio el Congreso decreta la independencia del país.
— Principia la guerra contra los realistas.
— Bolívar, al mando del batallón de Araguas, asiste a la conquista de Valencia.

1812 — El 26 de marzo, un tremendo terremoto asola la ciudad de Caracas.
— En octubre, tras la caída de Puerto Cabello, Bolívar se halla en Cartagena, y, nombrado comandante de Barranca, emprende una campaña triunfal.

1813 — El día 14 de mayo inicia la «marcha admirable» hacia Venezuela.
— El 23 de marzo entra en Mérida, siendo aclamado como «Libertador».
— El 7 de agosto entra en Caracas.
— El 5 de diciembre vence en la batalla de Araure.

1814 — Bobes empieza su campaña contra los independentistas.
— El 27 de noviembre, Bolívar es ascendido a general de división, encargándose de someter el estado de Cundinamarca.

1815 — El 23 de enero es nombrado capitán general de la Confederación de Nueva Granada y emprende la liberación de Venezuela.
— El 10 de diciembre sufre un atentado del que sale ileso.

1816 — Toma de Carúpano el día 1 de junio.
— El 2 decreta la libertad de los esclavos.

1817 — El 1 de enero, Bolívar desembarca en Barcelona.
— El 17 de julio se rinde Angostura.

1818 — El general Páez se pone a las órdenes de Bolívar el día 30 de enero.
— Batallas contra el general español Morillo.

1819 — Derrota española en Boyacá el 7 de agosto.
— El Congreso aprueba su proposición para crear la República de Colombia.

1820 — Entrevista de Bolívar y Morillo en Santa Ana el 27 de noviembre.

1821 — El 17 de abril se rompe el armisticio.
— Victoria de Carabobo el 24 de junio.
— El 29 entra Bolívar victorioso en Caracas.

1822 — El general Sucre triunfa en Pichincha el 24 de mayo.
— Bolívar entra en Quito el 16 de junio.
— Se celebra la Conferencia de Guayaquil entre Bolívar y San Martín el 27 de julio.

1823 — El 8 de marzo se firma el Tratado de Amistad y Cooperación entre Colombia y Buenos Aires.

1824 — Bolívar enferma de fiebres.
— El 10 de febrero, es nombrado dictador por el Congreso.
— El 10 de agosto, las fuerzas de Bolívar, mandadas por el general Sucre, ganan la batalla de Junín.
— El 9 de diciembre, capitula el ejército español ante Sucre, tras la batalla de Ayacucho.

1825 — El 18 de agosto, Bolívar hace su entrada triunfal en La Paz.

1826 — El 23 de septiembre, Bolívar sale de Lima, rumbo a Bogotá, partiendo para Venezuela el día 25 de noviembre.

1827 — Entrada triunfal en Caracas el 12 de enero.
— Renuncia a sus cargos, pero la renuncia es rechazada por el Congreso.

1828 — Intento de asesinato el 25 de setiembre en Bogotá, siendo salvado por Manuela Sáenz.

1829 — Estalla la guerra entre Colombia y Perú. El 22 de septiembre se firma la paz.

1830 — Bolívar renuncia a la presidencia del Congreso el 27 de abril.
— Sale para Cartagena el 8 de mayo.
— Padece una cruel enfermedad y se dirige a la finca de San Pedro Alejandrino, donde fallece el 17 de diciembre.

ÍNDICE